I0137763

Le cahier A. est placé par erreur
devant le cahier B.

A MONSEIGNEVR

MONSEIGNEVR
L'EMINENTISSIME
CARDINAL, DVC
DE RICHELIEV.

MONSEIGNEVR,

Apres tant de biens-
faits, & tant de fa-
ueurs dont ie vous suis
redeuable, la fortune ayant refusé tou-
jours à mes iustes desirs, les moyens de
vous faire voir par mes seruices, ma reco-

à iij

ACQUISITION
Nº 292921

gnoiſſance, l'ardeur de mon zele, & la grandeur de mon affection, ie me ſuis en fin re-
ſolu de vous les faire comprendre, en vous
monſtrant leur object : la permiſſion que
vous m'auez donnée de vous offrir cet ouurage, m'en a fait naiſtre l'occaſion ; &
comme vous ſçauez que les Peintres & les
Poëtes ont des conformitez, qui peuuent
leur acquerir meſmes priuileges, i'ay creu
que vous ne vous offenſeriez pas, de voir
voſtre portraict au commencement de ce
liure, puis que vous auez aſſez de bonté
pour ſouffrir à tous ceux qui l'ont au cœur
comme moy, de le placer dans leurs cabi-
nets, ou de le porter en Medailles : Ie ſçay
bien qu'à moins que d'auoir en main le pinceau de Ferdinand, ou le crayon de Du-
Monſtier, on ne deuroit iamais entreprendre vn ſi haut deſſein : mais quand ie con-

EPISTRE.

sidere que la difficulté qui se trouue à vous
faire ressembler parfaitement, est vne mar-
que de vostre gloire, & que la foiblesse que
ie feray paroistre en ceste entreprise, me
sera commune auec tous les Illustres du
siecle où nous sommes; ie ne peux retenir
ma plume, & ie me sens forcé de faire voir
au iour, l'idée que ie conserue en la memoire de tant de rares vertus que toute la
terre adore en vostre Eminence. Agreez
donc (Monseigneur) que i'apprenne à la
posterité, que i'ay l'honneur d'auoir pour
Maistre, vn homme qui meriteroit de l'e-
stre de tout le monde, & qui pourroit
mesme le deuenir, par le choix de l'Esprit
de Dieu, si sa generosité ne le portoit, à n'a-
uoir point d'autre ambition, que celle de
voir regner auec pompe & majesté, le plus
iuste de tous les Rois: aimant mieux en

EPISTRE.

rester subject, que de s'en rendre le Pere.
Ceste verité qui m'anime, est si generale-
ment connuë, qu'il n'est point d'Estats si
esloignez de nostre Monarchie, qui n'ad-
mirent en vous cet esprit desinteressé, qui
se remarque en toutes vos actions, comme
en tous vos conseils : l'histoire nous peut
monstrer des hommes dans l'antiquité, qui
sans doute ont fait pour eux de belles &
de grandes choses ; mais elle ne nous produit point d'exemple de ce zele ardant,
qui vous fait perdre vostre repos, pour as-
seurer celuy des peuples, & qui vous oblige
tous les iours à hazarder pour eux vostre
illustre vie, partant de soings & partant
de veilles, qui peuuent alterer vostre temperament, & destruire vostre santé. De sorte
(Monseigneur) qu'on peut dire sans hi-
perbolle, que le Roy n'a point de Capitai-
ne, ny

ne , ny de Soldat en ſes armées qui s'expoſe à de ſi grands perils que vous , ny qui plus
ſouuent ait affronté la mort ſans la craindre : Mais ſi voſtre courage eſclatte , voſtre conduite & voſtre prudence ne donnent pas moins d'eſtonnement : cet eſprit
penetrant qui vous fait preuoir les deſſeins de nos ennemis , eſt vn rayon de diuinité , qui ſouuent a fait tomber ſur eux,
les mal-heurs qu'ils nous preparoient. Et
c'eſt auec ces armes puiſſantes, que vous
auez rendu celles du Roy victorieuſes.
Vous auez employé l'adreſſe, où la violence
eſtoit inutile ; vous auez fait agir la force
où la douceur ne pouuoit ſeruir ; & s'il ſe
trouue quelqu'vn aſſez hardy pour entreprendre voſtre hiſtoire , il ne faudra point
d'autre lecture pour deuenir ſçauant en
Politique , puis qu'on y verra par les eue-

EPISTRE.

nemens, tout ce que les autres ne nous
monstrent que par regles; & dans l'estre
des choses, ce qui n'auoit iamais esté qu'en
idee : mais ie crains bien qu'il ne soit point
de plume assez forte, pour pouuoir s'esleuer
si haut : & i'ose mesme dire que vous seul
pouuez bien faire vostre image. Ouy Monseigneur, c'est de vostre main que vous de-
uez attendre l'immortalité que les autres
vous promettent, & que vous meritez
auec tant de iustice. Quand nous aurions
des Apelles & des Phidias, & qu'ils em-
ployeroient les plus viues couleurs de la
peinture, l'or, le marbre, le iaspe, & le
porphire, pour vous faire des tableaux &
des statuës; tout cela ne seroit point assez
fort, pour deffendre la gloire de vostre Nom,
contre les iniures du temps. L'experience
nous fait voir que tous ces Arcs triomphaux

EPISTRE.

qu'autrefois on auoit esleuez, pour eterniser la memoire de ce mesme CÆSAR
que ie vous presente, ne nous donneroient
que de foibles marques de sa grandeur &
de sa vertu, si ses Commentaires ne le faisoient reuiure en la mesme splendeur qu'il
estoit en les escriuant. Souffrez donc
(Monseigneur) que ie vous coniure à genoux au nom de toute la France, de vouloir imiter cet illustre Dictateur, & de
trauailler vous-mesme à vostre gloire, puis
que vous en estes seul capable : afin que
tous les siecles suiuans, croyent aussi bien
que moy, lors qu'ils apprendront les miracles de vostre vie, que si le Grand
CÆSAR fust venu dans le temps où
vous estes, pour acquerir le tiltre glorieux
de vainqueur des Gaules, la Couronne
qu'il obtint apres dix ans de combats, au-

ẽ ij

EPISTRE.

roit *paru sur vostre teste* : *& nous vous
eussions veu triompher d'vn homme, qui
triomphoit de tous les autres. Mais comme
on ne sçauroit faire que deux âges tant esloignez se reduisent en vn, ie fais du moins
que ce mesme CÆSAR, qui pouuoit
estre vostre captif, a besoing de vostre pro-
tection ; ne luy refusez pas vne grace qui
luy est si necessaire, car ie ne doute point
qu'il ne se trouue des BRVTVS, qui le
persecuteront encor dans mon ouurage:
mais il les vaincra tous sans peine, pourueu que vous le regardiez fauorablement,
& que vous me permettiez de publier, que
vous voulez bien que ie sois toute ma vie,*

MONSEIGNEVR,

Vostre tres-humble, tres-obeïssant,
& tres-passionné seruiteur
DE SCVDERY.

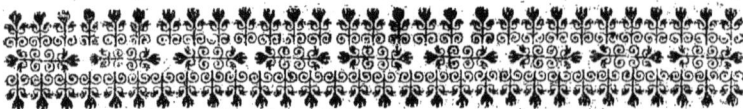

LECTEVR.

L eſt des Tragedies, comme des beautez ſerieuſes, elles ne plaiſent pas à tout le monde : ce genre de Poeme, qui n'a pour obiect que d'eſmouuoir les paſſions, & de donner de l'horreur & de la pitié, ne ſçauroit eſtre le diuertiſſement de ces humeurs enioüées, qui n'en peuuent trouuer qu'à rire. Quelque ſublime que ſoit l'eſprit de Seneque, celuy de Plaute leur agreera dauantage : & ſans doute ils prefereront la naïfueté de l'vn, à la magnificence de l'autre. Mais pour moy, ſans condamner le ſentiment de perſonne, pour authoriſer le mien, ſoit qu'il vienne de ma raiſon, ou de

é iij

mon temperament, i'aduoüe que le Poeme graue, attire mon inclination toute entiere : & que ie me fais violence, lors qu'on
me voit trauailler, fur vn fujet qui ne l'eft
pas. Comme toutes les chofes qui font en
la Nature, vont à leur cêtre, auec vne mer-
ueilleufe facilité, ie fens bien que mon ge-
nie s'efleue, plus aifément qu'il ne s'abaif-
fe : & que le ftile pôpeux me coufte moins
que le populaire. I'ay plus de peine à faire
parler des Bergers que des Rois; & les maximes de la Morale & de la Politique, s'offrent pluftoft à mon imagination, que ie
n'y trouue cette humble & douce façon
d'efcrire, que demande vn ouurage Comi-
que. Ce difcours (Lecteur) eft plus vn effect de ma crainte, que de ma vanité ; & ie
veux pluftoft excufer mes autres pieces,
que te loüer celle-cy. Ce n'eft pas que ie la
iuge abfolument mauuaife, mon opinion
particuliere feroit trop orgueilleufe, fi elle vouloit combattre la generalle : & ie ne
mettrois iamais au iour, vne chofe que i'en
croirois indigne. Ie fçay bien que cefte

AV LECTEVR.

Tragedie est dans les Regles ; qu'elle n'a qu'vne principale action, où toutes les autres aboutissent ; que la bien-seance des choses s'y voit assez obseruée ; le Theatre assez bien entendu ; & les pensées, & la locution, assez proportionnées à la grandeur de mon sujet ; & qu'en fin, si ie dois tirer quelque gloire de la Poësie, il faut que cét ouurage me la donne. Mais auec tout cela, ie t'aduoüe, que l'idée que i'ay conceuë de cét Art, est si haute, que mes paroles n'en sçauroient approcher : & qu'à la representation de mes Poëmes, ie suis tousiours le moins satisfaict. Ne t'imagines donc pas, de voir vn Tableau finy, puis que i'escris à tous ceux qui partent de ma main, SCVDERY FAISOIT CETTE PEINTVRE ; & non pas iamais A FAIT : tant il est vray que i'esbauche mieux que ie n'acheue, & tant il est certain que ie le connois. Au reste, ie dois t'aduertir, que ie fay dire des choses à Brutus, que l'Histoire met en la bouche de Decimus Brutus Albinus, mais ne crois pas que ce rapport de

noms ait embroüillé mon iugement , &
m'ait fait prendre l'vn pour l'autre: i'ay trop
eſtudié Plutarque, pour tomber en ceſte
erreur, dont ie ne ſuis point capable. Mais
c'eſt vn deſſein qui regarde le Theatre, &
qui pour faire mieux agir le principal A-
cteur, s'eſcarte vn peu de la verité, dans
vne choſe de nulle importâce. Ie ſçay bien
que Brutus a des Sectateurs, qui ne le trou-
ueront pas bon , mais outre que i'eſcris
ſouz vne Monarchie & non pas dans vne
Republique, ie confeſſe que ie n'ay pas de
ce Romain, les hauts ſentimens qu'ils en
ont: car s'il aimoit tant la liberté de ſa Patrie, ie trouue qu'il deuoit mourir auec elle, apres la perte de la bataille de Pharſalle,
ſans attendre celle de Philippes. Il ne deuoit point deuenir le flateur de CÆSAR,
pour s'en rendre apres l'aſſaſſin; ou pluſtoſt le Parricide : & s'il aimoit tant la Phi-
loſophie, il deuoit finir ſans luy dire des
iniures, & ne pas faire voir qu'il ne vouloit
eſtre ſage, que lors qu'il eſtoit heureux.
Mais i'ay tort de ſonger aux fautes des
grands

LA MORT
DE CÆSAR.

ACTE PREMIER.
BRVTE, CASSIE, PORCIE.

SCENE PREMIERE.
BRVTE, CASSIE.

BRVTE.

NE deliberons plus, le fort en eft ietté:
L'excés de preuoyance eft vne lafcheté:
Il faut pour ce grand coup choifir l'heure
    opportune,
Et puis s'abandonner aux mains de la fortune.

A

Fleau des foibles esprits, image du danger,
Vous choquez vn dessein qui ne sçauroit changer;
Il est iuste, il est beau, c'est ce que ie demande:
Ma main, resoluons nous, l'honneur nous le com-
　　mande:
Monstrons le mesme cœur qu'ont monstré nos parans,
Et que le Nom de Brute est fatal aux Tirans.

CASSIE.

Ieune & vaillant Heros, de qui la Republique
Espere sa franchise, & sa splendeur antique:
Tu veux suiure vn chemin que les tiens ont battu,
Comme illustre heritier de leur haute vertu:
Poursuis, braue Guerrier, imite leur memoire,
Car le mesme labeur t'acquiert la mesme gloire;
Pour deuoir l'entreprendre il ne te manque rien;
Vers toy se tourne l'œil de tous les gens de bien:
Puis qu'vn nouueau Tarquin ainsi nous persecute,
Fais voir qu'on treuue encore vn veritable Brute,
Ennemy des Tirans, de qui l'authorité,
Veut opprimer le peuple, & nostre liberté;
Fais voir qu'vn siecle infame, en toy fit naistre vn
　　homme,
Digne de la grandeur de la premiere Rome.

BRVTE.

Les peuples que le sort a soubmis à des Rois,
En doiuent reuerer la personne & les loix;

C'est là mon sentiment; & ie tiens que sans crime,
On ne peut renuerser vn Throsne legitime :
Mais Cæsar est iniuste, en nous voulant oster
Ce que tous les thresors ne sçauroient acheter.
D'esgal il se fait Maistre; & Rome en fin trompée,
Voit bien que c'est pour luy qu'elle a vaincu Pompée;
Que c'estoient deux Riuaux esgalement espris,
Qui faisoient vn combat dont elle estoit le prix,
Qu'ils auoient mesme but; & vouloient entreprendre
D'oster la liberté, feignant de la deffendre :
De sorte qu'en leur gain nous ne pouuions gaigner,
Puis qu'ils auoient tous deux le dessein de regner;
Et que de quelque part qu'eust panché la balance,
Rome deuoit souffrir la mesme violence.
O droict ! ô bonnes mœurs ! ô iustice des Cieux !
Combien peu vous respecte vn cœur ambitieux ?
Et de quoy n'est capable vne ame desreglée,
Quand par l'esclat d'vn Sceptre elle s'est aueuglée ?
Quels crimes n'ont commis ces Tigres inhumains ?
N'ont-ils pas oublié qu'ils estoient nais Romains ?
Et lors qu'ils disputoient la puissance Royalle,
N'ont-ils pas fait rougir les plaines de Pharsalle ?
Moy mesme (ô souuenir ! plein de ressentimens)
Ay veu des flots de sang, & des monts d'ossemens ;
Et pour atteindre au but de leurs folles enuies,
Les Parques ont tranché plus de cent mille vies :
Ha Cæsar ! ô Tiran ! ç'en est trop enduré ;
Le Ciel veut ton trespas, & Brute l'a iuré.

A ij

CASSIE.

Ha! l'illustre serment, ha! la belle entreprise;
C'est de ceste façon que l'on s'immortalise;
Voila ce grand dessein digne d'estre admiré,
Qui de tous les Romains s'est veu tant desiré.
Fatale ambition, detestable folie,
Qui coustes tant de sang à la pauure Italie :
Monstre, à qui l'Vniuers semble encor trop petit,
Pour saouler pleinement ton auide appetit;
Voicy le dernier iour de ta rage homicide,
Le bruit de nos souspirs vient d'esueiller Alcide.

BRVTE.

Ha! tu me traites mal, rare & fidelle Amy;
Mon cœur estoit pensif, mais non pas endormy :
Il pese meurement tout ce qu'il se propose,
Et souuent il agit, qu'on iuge qu'il repose.
Vn dessein perilleux se doit examiner,
Et ce n'est pas assez que de l'imaginer :
Il faut en voir la fin premier que s'y resoudre :
Vn homme preparé ne craindroit pas la foudre :
Ce qu'on pense en tumulte est suiet à faillir,
Par le moindre accident qui nous vienne assaillir.
Mais auant qu'entreprendre vne haute aduanture,
Quand vn solide esprit s'en est fait la peinture,
Rien ne l'estonne plus; ny foible, ny mutin;
Il fait, & laisse faire au supréme destin.

C'est l'estat où ie suis, braue & sage Cassie:
Mais ce don vient du Ciel, & ie l'en remercie.
Faisons voir ce que peut (aux Romains esbahis)
Et l'amour des vertus, & celle du païs:
Et resolus de faire vn acte memorable,
Taschons de prendre vn lieu qui nous soit fauorable.

CASSIE.

Pour auoir sans peril nostre commun repos,
Le Senat (ce me semble) est le plus à propos.
Sa garde ailleurs par tout le suit comme son ombre:
Mais là, comme en vertu nous le passons en nombre,
Si ta main seulement veut signer son trespas,
Celle de nos amis ne nous manquera pas.
Tu sçais bien qu'ils sont prests de suiure ta fortune,
Et d'auoir le danger, & la gloire commune:
Mais quel est ce danger! si chacun est pour toy,
Et si tous ont horreur du simple nom de Roy?

BRVTE.

Ceste belle esperance est encore incertaine;
Le captif à la fin s'acoustume à la chaine.
Tout mal par l'habitude est facile à souffrir,
Plus qu'vn remede amer qu'on tasche en vain d'offrir.
Ces cœurs peu genereux, ces ames abaissées,
Que l'honneur a quittez, que la gloire a laissées:
Ce foible, & lasche peuple, apres auoir permis
Tout ce qu'ont desiré ses mortels ennemis,

A iij

Au milieu du peril, se croit sur le riuage,
Et baise encore la main qui le met en seruage.
D'vne feinte douceur, d'vn sousris attrayant,
L'adresse de Cæsar le pipe en le voyant,
Sa ruse, son esprit, sçait desguiser les choses,
Et cacher finement les fers dessous les roses :
L'or, dont il est prodigue, establit son pouuoir,
Et sa main donne tout, afin de tout auoir :
De sorte que le peuple ayant pris ceste amorce,
Agit contre soy mesme, authorise sa force,
Luy prepare le throsne, & l'excite à monter,
Deuient souple, seruile, & se laisse dompter.
Ainsi quelque dessein que nostre vertu prenne,
Ces esclaues d'vn Roy banniront cette Reine,
Seront contr'eux pour luy : mais sans plus discou-
　　rir,
Libres nous sommes nais, libres il faut mourir.

CASSIE.

Le temps nous produira ses effects ordinaires :
Brute ie cognois bien l'amour des mercenaires,
Cæsar ne viuant plus, ces amis d'interest,
Appreuueront sa mort, en beniront l'arrest,
Et vrais Cameleons plus changeans que Neptune,
Ils suiuront le party que suiura la fortune.

BRVTE.

Il n'appartient qu'aux Dieux de sçauoir l'aduenir:
Commençons tousiours bien, & laissons les finir:
Nostre prudence est courte, & la leur infinie;
Elle sera pour nous, contre la tyrannie;
Leur bonté les oblige en ce pressant besoin,
De voir nostre conduite, & d'en prendre le soin.

CASSIE.

Nous mesmes conduisons nos faicts, & nos années:
Nous seuls pouuons former nos bonnes destinées:
Brute, s'il est des Dieux, ils s'occupent ailleurs,
Qu'à nous rendre contens, & nos destins meilleurs.

BRVTE.

L'on voit en tes discours, l'on oit en mes repliques,
La Secte d'Epicure, & celle des Stoïques:
Mais pourtant nos pensers, ennemis des tirans,
Vont en un mesme lieu, par sentiers differens.

CASSIE.

Mets ta main dans la mienne; y ie te proteste,
(Et soit nostre aduanture, ou prospere, ou funeste)

De ſuiure deſormais ta fortune & tes pas,
Soit que tu veuilles viure, ou courir au treſpas.

BRVTE.

Dieux iuſtes! Dieux vangeurs! ennemis du pariure,
Eſcoutez nos ſermens, Brute vous en coniure:
Puniſſez l'infracteur qui manquera de foy,
Et ſi ie l'abandonne, ô Dieux! foudroyez moy.

CASSIE.

Brute en donnant ſon cœur, prend celuy de Caſſie:

BRVTE

Trefues de ce diſcours; voicy venir Porcie:
Va-t'en voir nos Amis, ie te ſuiuray de prés,
Couronné de lauriers, ou couuert de Ciprés.

SCENE

AV LECTEVR.

grands hommes de l'Antiquité, lors que ie
fais imprimer les miennes : & i'aurois plus
de raison, de chercher dequoy faire mon
Apologie, que leur censure. Mais ie ne
veux ny te flatter, ny te preuenir; ie te laif-
se ton iugement libre ; & ne te le demande
qu'equitable.

PROLOGVE.

LE TIBRE, LA SEINE.

LE TIBRE.

I'AY trauersé les flots amers
De deux fieres & vastes Mers,
Auec autant d'amour que i'ay souffert de peine:
O riuage François! climat heureux & doux,
Ie ne le dis qu'à vous,
Qui sçauez que le Tibre est venu voir la Seine.

Son nom fameux qui va par tout,
Et qui de l'vn à l'autre bout
A remply l'Vniuers du bruit de ses merueilles:
M'ayant charmé l'esprit des beautez de ces lieux,
I'ay voulu que mes yeux
En fussent les tesmoins, sans croire à mes oreilles.

Adorable Diuinité
Pardonne à ma temerité,

PROLOGVE.

Puis qu'elle est vn effect de ton merite extresme :
Et sors en ma faueur des portes de Cristal
    De ton palais natal,
Pour monstrer à mon cœur le rare obiect qu'il aime.

    La vague s'enfle ; & ie la voy
    Qui s'esleue & se monstre à moy,
Mais telle qu'on la peint, la plus belle du monde :
Et qui ne connoistroit de si charmans appas,
    Ne la croiroit-il pas
Venus, ou le Soleil sortant du sein de l'onde ?

    Le Tibre que tant de Guerriers
    Ont iadis couuert de Lauriers,
Les vient mettre à tes pieds, & chanter ta loüange :
Mais quelques ornemens qu'il y puisse employer,
    Il ne fait que payer
Vn tribut que te doit le Danube & le Gange.

LA SEINE.

    Sois plus iuste en ce compliment,
    Fais mieux agir ton iugement,
Puis que ma gloire vient d'vne cause premiere :
Que si mon foible esclat rend tes yeux esbloüis,
    Que ne fera LOVIS,
Luy de qui ma splendeur, emprunte sa lumiere ?

PROLOGVE.

Ouy ce n'eſt que par ce grand Roy
Que l'Vniuers parle de moy;
Son Nom porte le mien aux deux bouts de la terre:
Les plus loingtains Climats, & les plus ſeparez
Sont deſia preparez
A receuoir les coups de ce foudre de guerre.

Ny tes Conſuls, ny tes Cæſars,
N'ont iamais couru les hazards,
Où s'expoſe le cœur de ce ieune Alexandre:
Son indomptable main (en donnant le treſpas)
A fait plus de combats,
Qu'on n'en fit autrefois ſur les bords du Scamandre.

Ne connois tu pas RICHELIEV?
Quoy! cét illuſtre demy Dieu,
N'auroit-il point d'Autels dans ta Rome fameuſe?
Luy qui par des hauts faits qui n'ont point de pareils,
Et par ſes bons conſeils,
A vaincu l'Ocean, l'Eridan, & la Meuſe.

Toy qui viens de quitter la Cour
Où le Dieu des Eaux fait ſeiour,
N'auras tu point appris ce que pût ſa fortune?
Quand pour venir à bout de ce Siege important,
Sa prudence fit tant,
Qu'elle enchaina les vents, & captiua Neptune.

PROLOGVE.

Demande aux Monts audacieux,
De qui le front touche les Cieux,
Si leur fermeté cede à celle de son ame :
Les Alpes te diront qu'il luy falut dompter
    (Auant que d'y monter)
Les rochers, les torrens, & le fer, & la flame.

    Mais ie parle de ses exploits,
    Et ie manque desia de voix!
Leur nombre m'espouuante, & ma bouche est fermée:
Appreuue mon silence, & ne desire plus
    Ces discours superflus;
Si tu les dois sçauoir, c'est de la Renommée.

    Elle pourra t'apprendre encor
    Qu'Apollon a sa lire d'or,
Par les biens qu'il reçoit de sa main liberalle:
Et que ce grand Heros, estime les neuf Sœurs,
    Fait cas de leurs douceurs,
Et leur donne à chanter sa gloire sans esgale.

    Aussi iamais les doctes mains,
    Soit des Grecs, ou soit des Romains,
N'ont tracé du bien dire, vne si haute idée:
Et iamais Euripide en voulant l'esgaler,
    N'eust fait si bien parler,
HERODES, SOPHONISBE, & la docte
MEDEE.

PROLOGVE.

Auiourd'huy mesme en toutes pars,
LA MORT DV PREMIER DES
CÆSARS,
S'en va faire admirer nostre Scene Tragique :
Tarde vn peu sur mes bords , ou pour te resiouïr,
Ie veux te faire oüir
Tout vn peuple rauy de voir ta Republique.

LE TIBRE.

S'il te plaist, i'y suis resolu;
Ton commandement absolu
Ne peut treuuer en moy que de l'obeïssance :
Plongeons nous sous les flots qui craignent ton pouuoir;
Trop heureux de t'y voir,
I'oubliray si tu veux le lieu de ma naissance.

LA SEINE.

Nos païs ne le souffrent pas;
Le Sort appelle ailleurs tes pas;
Mais pour nous separer auecques moins de peine,
Sçache que le destin m'a fait lire en ses loix,
Qu'vne seconde fois,
Il veut ioindre nos LIS,& ton AIGLE ROMAINE.

PROLOGVE.

Suy le respect, & le desir,
Et viens voir auecques plaisir,
RICHELIEV, dont l'esprit est au dessus de l'homme;
Et confesse, en voyant ce diuin Cardinal,
Qu'il n'eut iamais d'esgal,
Parmy ces grands Heros qu'on adoroit à Rome.

LES ACTEVRS.

CÆSAR, Dictateur perpetuel.

CALPHVRNIE, sa femme.

BRVTE, Senateur.

PORCIE, sa femme.

CASSIE, Senateur.

LEPIDE, Senateur.

ANTHOINE, Senateur.

LABEO, Senateur.

QVINTVS, Senateur.

ALBIN, Senateur.

CHOEVR d'autres Senateurs.

ARTHEMIDORE, Rethoricien Grec.

EMILIE, suiuante de Calphurnie.

PHILIPPVS, Affranchy de Cæsar.

CHOEVR de peuple Romain.

La Scene est à Rome.

LA

SCENE
SECONDE.

PORCIE, BRVTE.

PORCIE.

NE me direz vous point quelle humeur so-
  litaire,
Vous esloigne de moy, vous oblige à vous
  taire ?
Auriez vous reconnu mon esprit indiscret,
Capable en trahissant, d'vser mal d'vn secret ?
Brute, s'il a commis vne telle imprudence,
Priuez-le de l'honneur de vostre confidence ;
Ayant bien merité ce iuste chastiment,
Ie n'appelleray point de vostre iugement ;
Ie subiray sans pleindre, vn Arrest legitime ;
Mais que ie sçache au moins l'espece de mon crime ;
Ie ne m'en souuiens pas : & loing d'y consentir,
Sans sçauoir quel il est, i'en ay du repentir.

B

BRVTE.

Ha ! que tu fondes mal ta foible coniecture :
La peine que ie sens, est d'vne autre nature ;
Le corps, & non l'esprit, en souffre la rigueur ;
Et ie ne sçay point l'art de te cacher mon cœur.
Depuis neuf ou dix iours vne douleur confuse,
Me priue du sommeil que la nuit me refuse ;
Certaine pesanteur occupe tous mes sens ;
Et i'ignore le nom de ce mal que ie sens.

PORCIE.

Que la feinte messied à l'ame genereuse !
Ou ie suis criminelle, ou ie suis mal-heureuse :
Vous perdez le repas, vous perdez le repos,
Des souspirs continus tranchent tous vos propos,
Vous resuez en tous lieux, & contre vostre vsage
Vne morne tristesse, est peinte en ce visage ;
C'est ce qu'on ne fait point pour vn mal inconnu,
Il nous doit aduenir, ou nous est aduenu.

BRVTE.

Aussi peu l'vn que l'autre ; & c'est ce qui t'oblige
A ne t'affliger pas, croyant que ie m'afflige.

PORCIE.

Ha! ne contestez plus, contentez mes desirs:
Quoy! n'ay-ie point de part aux maux, comme aux
   plaisirs?
Quoy! vostre ame croit donc quelque ennuy qui la
   tienne,
Que le vice du sexe a pouuoir sur la mienne?
Qu'elle ne sçauroit taire vn secret important?
Brute, s'il est ainsi, que ie meure à l'instant:
Ne me regardez plus que comme vne infidelle,
N'escoutez pas ma pleinte, ou bien vous mocquez
   d'elle.
Mais si cette amitié qui ioignoit nos esprits,
(Qui dure par l'estime, & meurt par le mespris)
Subsiste encore en vous; iugez mieux de mon ame,
Et sçachez que Porcie endureroit la flame,
Auant que descouurir ce qu'elle doit cacher,
Et que pour voir son cœur, il faudroit l'arracher.
Arbitres du present, & des choses passées,
Qui seuls auez pouuoir de lire en nos pensées,
Dieux iustes, Dieux clements, permettez auiour-
   d'huy,
Que Brute y puisse voir l'amour que i'ay pour luy;
Afin qu'il puisse croire en la voyant extréme,
Que me dire vn secret, c'est le dire à luy-mesme.

B ij

BRVTE.

Ha! c'eſt trop; ie me rends; & contre mon deſſein,
Ton zele, & ton amour, s'en vont m'ouurir le ſein.
Connoiſſant ton pouuoir, tu me fais violence;
Car ce n'eſt qu'à regret que ie romps mon ſilence :
Mais comme i'en vſois pour ne pas t'affliger,
Ie le quitte, de peur de te deſobliger.
Prepare ton oreille; excite ton courage;
Et iuge dans le port, quel doit eſtre l'orage :
Sçache que ie m'appreſte à faire vn coup ſi grand,
Qu'il fait preſque trembler la main qui l'entreprend.

PORCIE.

Mon cœur n'eſt point outré, ny ma paupiere humide;
La fille de Caton ne peut eſtre timide :
Fais agir ta prudence; elle ſuiura ton ſort,
Quand il deuroit paſſer par les mains de la mort.

BRVTE.

O d'vn pere excellent, excellente heritiere !
On voit qu'il t'a laiſſé ſa vertu toute entiere :
(Vertu, que dans ſa fin l'Vniuers admira)
Et qu'il te fit ſortir de ce qu'il deſchira.
L'amour de ſon païs, qui luy couſta la vie,
Me fait ſuiure ſes pas, me donne meſme enuie,

Et pour dire en vn mot tout ce que i'ay pensé,
Ie suis prest d'acheuer ce qu'il a commencé.

PORCIE.

N'attendez pas de moy des marques de foiblesse,
Ie hay trop le Tyran, s'il vous choque, il me blesse :
L'image de Caton qui me suit en tous lieux,
Semble offrir son poignard, & son sang à mes yeux :
Mais Brute, ma douleur n'est pas sans allegeance ;
Vn extresme plaisir se treuue en la vangeance ;
Et loing d'auoir des pleurs capables d'arrester,
I'en respandrois plustost pour vous solliciter.

BRVTE.

O miracle ! ô grand cœur ! à qui tout autre cede ;
Dieux, que ie suis puissant, puis que ie te possede.

PORCIE.

Ouy, vous y regnez seul ; rien ne peut l'asseruir ;
Et ce cœur est vn lieu qu'on ne vous peut rauir.

BRVTE.

Adieu, l'heure m'appelle ; auant que ie te voye,
Nous serons dans l'excez de tristesse ou de ioye.

B iij

PORCIE.

Moy, ie vay de ce pas au pied de nos autels,
Offrir des vœux pour vous, à tous les immortels.

BRVTE.

Encor vn coup, Adieu;

PORCIE.

mon ame vous veut fuiure:

BRVTE.

C'eſt fait ; Brute ou Cæſar s'en vont ceſſer de viure.

ACTE II.

LEPIDE, ANTHOINE, CALPHVRNIE,
CÆSAR, BRVTE, CASSIE, PORCIE,
PHILIPPVS.

SCENE PREMIERE.

LEPIDE, ANTHOINE.

LEPIDE.

CEVX de qui la main gouuerne l'Vni-
uers,
Les plus grands ennemis sont les moins
descouuers :
La douceur de Cæsar se treuuera deceuë,
Et sa clemence en fin n'aura pas bonne issuë.

Ne regner qu'à demy, c'est auoir mauuais ieu;
Et nostre Dictateur en fait trop, ou trop peu.
Vn calme si profond, m'afflige, & le menace;
Iamais Pilote expert n'aima tant la bonace :
Elle porte souuent (lors qu'elle veut changer)
De l'extréme repos, à l'extréme danger.
Les flots les plus vnis sont subiets à l'orage;
Vn instant voit leur paix; vn instant voit leur rage;
Et dans les grands Estats, comme en cét element,
Mesme peril se treuue, & mesme changement.
Face le Ciel (Anthoine) en ces choses futures,
Que ie me sois trompé dedans mes coniectures;
Et que le grand Cæsar (à qui rien ne deffaut)
N'ait point de precipice, estant monté si haut.

ANTHOINE.

Ie tiens que ceste crainte a la raison pour guide;
Vostre aduis est le mien, sage & prudent Lepide;
Cét excés de clemence a desia trop permis;
Tout doit estre suspect, venant des ennemis :
Et de quelques bien-faicts qu'on les reconcilie,
Les croire, c'est foiblesse, & les aimer folie.
Celuy dont ce discours a formé son obiet,
Porte escrit sur le front quelque mauuais projet;
Son humeur sombre & noire, est vn signe visible,
Que pour troubler autruy son cœur n'est point pai-
　　sible;

　　　　　　　　　　　　　　　　　Il rumine

Il rumine sans doute, vn dessein important :
Ouy, Brute m'est suspect :

LEPIDE.

ie vous en dis autant.

ANTHOINE.

Et Cæsar neantmoins en a l'ame charmée,
Se repose sur luy des soings de son armée,
N'a iamais de pensers qui ne luy soient ouuers,
Et le rend apres luy Maistre de l'Vniuers.
Le Senat d'autre part va iusqu'à l'insolence,
Et pour rompre sa chaine a rompu son silence ;
Murmure effrontément contre le Dictateur,
Se pleint de son pouuoir, l'appelle vsurpateur,
Et tasche d'exciter quelque dextre hardie,
A la sanglante fin de ceste Tragedie.
O bonté de Cæsar ! cause de ma douleur,
Tu le seras vn iour de son propre mal-heur.
Quiconque tient en main la puissance vsurpée,
En tout temps, en tous lieux, y doit tenir l'espée ;
Tel Prince doit auoir (comme celuy d'Enfer)
Et le Throsne de flame, & le Sceptre de fer :
Et comme il est seruy par la seule contrainte,
Il doit s'enuironner de terreur & de crainte ;
Abatre les plus grands, qui choquent son pouuoir
Pour contenir le reste aux termes du deuoir ;

C

Et de leur infortune augmentant sa puissance,
Auoir moins de subiects, & plus d'obeissance.

LEPIDE.

Ce mal est en vn point qu'on le peut éuiter :
Cæsar peche en douceur, mais il la peut quitter :
L'amitié la plus franche, est la plus estimable;
En ceste occasion, le silence est blasmable;
Parlons, mais hardiment, puis qu'il en est saison :
Et haut; dans le dessein d'esueiller la raison :
Cæsar merite bien vne amitié fidelle.

ANTHOINE.

Allons à son Palais où l'heure nous appelle,
Pour le suiure au Senat, apres que nos propos
Auront mis son esprit, & le nostre en repos.

SCENE
SECONDE.

CALPHVRNIE, CÆSAR, PHILIPPVS.

CALPHVRNIE.

A V secours mes Amis, des Tigres sangui-
naires,
Exercent sur Cæsar leurs fureurs ordinaires.

CÆSAR.

La peine qu'elle sent, me touche de pitié :
Ce songe, est vn effet d'vne forte amitié,
Qui peignant mon visage, en l'imaginatiue,
Luy fait tenir certain que ce mal-heur m'arriue.

CALPHVRNIE.

O Dieux ! rien ne s'oppose, à ce sanglant effort ;
Il n'en peut plus, il tombe, il se meurt, il est mort,

C iiij

CÆSAR.

Il la faut esueiller: respondez moy dormeuse.

CALPHVRNIE.

Qui m'appelle? ou sont ils? reuenez troupe affreuse:

CÆSAR.

Vous mesmes, reuenez d'vn assoupissement,
Qui nous a fait souffrir tous deux, égallement.

CALPHVRNIE.

Est-ce vous mon Cæsar? helas! est-il possible,
Que vous soyez viuant, & que ie sois sensible?
Vous me venez de rendre vn seruice important:
Vous me ressuscitez, en vous ressuscitant;
Et par vous & pour moy la force est dissipée,
Des plus noires vapeurs dont l'ame soit trompée.
Mais Dieux? m'est-il permis par vn discours flateur,
De mespriser ce songe, & l'appeller menteur?
Et m'ayant si bien peint vn acte si tragique,
Le dois-ie croire faux? ou songe prophetique?
Vous, dont la volonté regle mon sentiment,
Assitez ma raison de vostre iugement;
Ie sens bien qu'elle est foible, & que le mal l'emporte,
Elle s'oppose en vain, & la crainte est plus forte.

CÆSAR.

Quoy! vous laiſſez vous vaincre aux effets de la peur,
Vous qui ne combatez que contre vne vapeur ?
Et cét eſprit ſolide, en ſa douleur amere,
Ne peut-il ſe ſauuer des mains d'vne chimere ?
Puis qu'en me reuoyant vous auez de l'effroy,
Ce phantoſme eſt plus fort, ny que vous, ny que moy.
Mon amour s'en offence, & ce meſpris la bleſſe ;
Pour teſmoigner la voſtre ayez moins de foibleſſe :
Chaſſez vne frayeur qui n'a point de ſujet ;
Et par voſtre recit, monſtrez moy ſon obiet.

CALPHVRNIE.

Ha ! ne conſeruez pas ceſte fatale enuie :
Eſtouffez ce deſir, ſi vous aimez ma vie :
Ce prodige eſt ſi noir, qu'on n'en peut diſcourir,
Le ſeul penſer m'en met aux termes de mourir :
Et bien que ie me plaiſe en mon obeïſſance,
Ce que vous demandez n'eſt pas en ma puiſſance.
Diſons-le toutefois : la parque dans ſes mains,
A retranché les iours du plus grand des humains ;
Et quoy que ce mal-heur ne ſubſiſte qu'en ſonge,
Ie crains auec horreur ce funeſte menſonge.
O ! vous qui penetrez dans vn laſche attentat,
Bons Dieux, ſauuez Cæſar, pour ſauuer tout l'E-
　　ſtat ;

Sans doute il periroit de dans son infortune;
Et desormais sa perte, est la perte commune.

CÆSAR.

Ces vœux iustes & sainЄts volleront iusqu'au Ciel;
Ils pourroient adoucir vn astre tout de fiel;
Et de quelque façon que le sort me regarde,
Ie me tiens asseuré d'vne si bonne garde:
Puis qu'ils partent d'vn cœur,& si pur, & si net.
Mais l'heure du Senat m'appelle au cabinet,
Quon me donne ma robe.

CALFVRNIE.

Ha! ce peu de croyance,
Veut offusquer les yeux de vostre preuoyance;
Cæsar, vous refuseZ d'vn esprit estonné,
Vn aduertissement que les Dieux m'ont donné.
Ouy les Dieux m'ont fait voir vostre perte asseurée,
Si vous n'oyeZ les cris d'vne deseserée,
Qui se iette à vos pieds , embrasse vos genoux,
Et vous coniure icy de prendre garde à vous.
Ce songe est vn esclair qui deuance vn tonnerre,
Dont le courroux du Ciel semble aduertir la terre;
ReceueZ le conseil de ce cœur affligé;
Et ne vous perdeZ pas pour l'auoir negligé.
Au moins , craigneZ vn peu le mal que ie soupçonne:
SouffreZ que tous vos gens suiuent vostre personne;

Afin que leur secours vous puisse guarantir,
Du triste sentiment d'un tardif repentir.

CÆSAR.

Cæsar ne peut rien craindre; & son ame affermie,
Voit gemir souz ses pieds la fortune ennemie:
Consolez vous mon cœur, perdez ce souuenir ;
Et laissons au destin le soin de l'aduenir ;
Il nous faut arriuer où son vouloir nous meine:

CALPHVRNIE.

O ! le foible secours, qu'est la prudence humaine.

SCENE
TROISIESME.

BRVTE, CASSIE.

BRVTE.

E N fin obtiendrons nous le supréme bon-
　heur ?
　Voit-on en nos Amis vn sentiment d'hon-
　neur ?
As-tu bien obserué les traits de leur visage ?
N'y remarques-tu rien de sinistre presage ?
Cette premiere ardeur est-elle dans leur sein?
Ne succombent-ils point souz le faiz du dessein?
N'ont-ils point mis d'obstacle à leur gloire prochaine?
Leurs esprits sont-ils ioints par vne mesme chaisne?
Vont-ils d'vn mesme pied? l'auras-tu bien pû voir?
Et bref, qui regne en eux, ou la crainte, ou l'espoir?

BRVTE.

Iamais Lire d'Orphée, en douceur infinie,
Ne fut si bien d'accord, & n'eut tant d'harmonie;
　　　　　　　　　　　　　　　　　　Ha!

Ha! qu'ils sont esloignez de la peur du trespas;
Vn puissant éguillon solicite leurs pas:
Et pareils aux Dauphins qui sautent dans l'orage,
Tous ont le mesme but, & le mesme courage:
Tous regardent la mort, comme vn souuerain bien:
Quiconque ne la craint, ne sçauroit craindre rien;
C'est pour les grands esprits vne pierre de touche.
Aussi tous nos amis, te iurent par ma bouche,
Que cét object terrible, aux cœurs peu genereux,
Ne peut iamais auoir que des attraits pour eux;
Et qu'ils suiuront ton sort, ou funeste ou prospere,
Iuge ayant cét esprit, s'il craint, ou s'il espere.

BRVTE.

Le doute que i'en ay, n'est pas sans fondement:
Tel homme ne craint point l'aspect du monument,
Qui craindra pour son bien, pour son fils, pour sa fem-
    me;
En tous n'esclatte pas cette fermeté d'ame,
Qui pour suiure l'honneste, oblige en le faisant,
De mettre sous le pied, l'vtile, & le plaisant.
Il est diuers degrez de constance, & de force:
Il ne faut pas iuger de l'arbre par l'escorce:
L'apparence est trompeuse; & souuent vn amy,
Qu'on estime parfait, ne l'est pas à demy.
Le temps fait tousiours voir ces choses esclaircies:
Peu de Brutes en fin, & fort peu de Cassies.

D

Crois aussi bien que moy, que pour de si grands
    coups,
Il est peu de Romains qui soient égaux à nous.
Mais grace aux immortels, ce peu nous fauorise:
Ie voy, ie voy desia, le bout de l'entreprise:
Tous les Astres benins, vont au gré de nos vœux;
Ha! belle occasion, monstre nous tes cheueux;
Puis qu'on te tend la main(te rendant secourable)
Fais nous auoir du temps vne heure fauorable.

CASSIE.

Auant que de courir le plus grand des hazards,
Nos amis assemblez dedans le champ de Mars,
Desirent ta presence, esperant que ta veuë,
Appreuuera la foy, dont leur ame est pourueuë:
Ils pensent que ton œil inspire la valeur,
Et que ce grand courage, augmentera le leur.

BRVTE.

Pour cette volonté qui gouuerne la mienne,
Il n'est rien d'impossible, & rien qu'elle n'obtienne.
Il est iuste, allons-y; voyons ces vrais Romains;
Et ioignons pour l'Estat, & nos cœurs, & nos mains.
Vne derniere fois allons pour nous resoudre,
D'abaisser vn orgueil, si digne de la foudre:
Ouy, ouy, n'abusons plus d'vn silence discret;
Et gardons que le temps n'ouure nostre secret;

Mais quel dueil est escrit sur le front de Porcie?

SCENE

QVATRIESME.

PORCIE, CASSIE, BRVTE.

PORCIE.

Funeste presage ! ô triste prophetie !

CASSIE.

Aurois - tu descouuert ce dessein impor-
tant?

BRVTE.

Ton esprit en ma place , en auroit fait autant :
Ie lis dedans son cœur, elle voit dans mon ame.

CASSIE.

Vn secret n'est pas bien dans celuy d'vne femme.

D ij

De quel mal inconnu souffres-tu la rigueur?

PORCIE.

D'vn mal qui vous regarde, & qui m'oste le cœur:
Helas! qui le croiroit, ô tristesse infinie!
Les Dieux sont contre nous, & pour la tyrannie.

CASSIE.

On diroit à l'oüir, que le Ciel s'est ouuert:

PORCIE.

Leur courroux s'est fait voir au Sacrifice offert.

BRVTE.

Fais nous sçauoir au moins qui te rend desolée?

PORCIE.

Des marques de mal-heur, en la beste immolée:
Ha Brute! le destin s'oppose à nos desirs;
Menace vostre teste, & destruit mes plaisirs.

CASSIE.

Estrange aueuglement de ce siecle où nous sommes?
O foiblesse d'esprit! stupidité des hommes;
De croire follement, que leur bien, & leur mal,
Est escrit au poulmon d'vn chetif animal;

Et que de certains Dieux, les troupes affamées,
Viennent deſſus l'Autel ſe paiſtre de fumées.
Oracle, Sacrifice, augure, vol d'oyſeaux,
Dieux du Ciel, de l'Enfer, de la terre, & des eaux,
Inuention humaine, auſſi belle que feinte,
Vous ne me donnez point de ſentiment de crainte,
Ie penetre le voile, & deſcouure à trauers,
Que rien que le haʒard, ne conduit l'Vniuers :
Iugez apres cela de voſtre prophetie.

BRVTE

Ie ſeray touſiours Brute, & toy touſiours Caſſie:
Les eſcrits d'Epicure ont ſeduit ta raiſon.
Mais toy, finis vn dueil qui n'eſt pas de ſaiſon;
Mon cœur, tu connois bien quelque mal qui m'arriue,
Que nous ſommes trop loing pour regaigner la riue;
Dans la lice d'honneur il faut aller au bout.

PORCIE

Ouy Brute, c'en eſt fait; mon eſprit s'y reſoud:
Il ſe rit maintenant de la force ennemie;
Vous reſueillez en moy la conſtance endormie;
Ie veux aimer la gloire, elle plaiſt à mes yeux;
Et laiſſer l'aduenir, dans le ſecret des Dieux.
Allez donc mon cher Brute, où l'honneur vous ap-
    pelle;
Seruez bien le public, eſpouſez ſa querelle;

D iij

Et quand vn bel exploict vous aura couronnez,
Oubliez ma foibleße, & me la pardonnez.

BRVTE

Allons cher compagnon, prendre cette couronne,
Et suiure le conseil, que la vertu nous donne.

ACTE III.

CÆSAR, ANTHOINE, LEPIDE, PHILIPPVS,
BRVTE, CASSIE, LABEO, QVINTVS,
ALBIN, ARTEMIDORE, CALPHVRNIE,
PORCIE.

SCENE PREMIERE.

CÆSAR, ANTHOINE, LEPIDE,
PHILIPPVS.

CÆSAR.

ENTRE les vrais Amis on ne doit rien
cacher :
Rien, venant de leur part, ne me sçauroit
fascher :
I'escoute leurs aduis, franc d'orgueil & d'enuie,
Et fais de leurs Conseils des regles à ma vie.

J'aime l'amitié franche, & sans déguisement,
Tout le monde chez moy peut agir librement,
Dire ses sentimens, entrer en confidence,
Et corriger ma faute auecque sa prudence.
La plus forte raison peut souuent sommeiller,
Et nostre propre sens n'est pas bon conseiller :
Nostre esprit contre nous a des forces extrémes,
Nous voyons en autruy, beaucoup mieux qu'en nous
    mesmes,
Et qui se veut sauuer d'vn si dangereux pas,
Doit croire ses Amis, & ne se croire pas.
Ie fonde mon repos dessus cette maxime :
Parlez donc hardiment, vous le pouuez sans crime,
Ie tiens que c'est me rendre vn seruice important,
Ie n'ay pas vn esprit qu'on charme en le flattant,
Loing de cette foiblesse, il cherche la censure,
Et caresse la main qui luy fait la blessure :
Voila comme Cæsar traitte auec ses Amis,
Or souuenez vous donc que tout vous est permis.

ANTHOINE.

Apres cette asseurance, il faut que ie vous die,
Que nous auons pour vous vne amitié hardie,
Qui ne sent point l'esclaue, & qui ne sçauroit voir
Que Cæsar vse mal d'vn absolu pouuoir :
Vostre excez de bonté va iusqu'à la molesse :
(Pardonnez moy ce mot s'il est vray qu'il vous blesse)
                                        Et vous

Et vous ressouuenez comme vn grand Potentat,
Se doit faire des Loix des maximes d'Estat:
C'est d'elles qu'il apprend à regir les Prouinces;
Le peuple a des vertus, qui sont deffauts aux Princes,
Rien ne doit estre égal entre ces deux humeurs;
Ils different de rang, qu'ils different de mœurs:
Ce que l'vn aimera, que l'autre le haïsse;
Et bref, que l'vn commande, & que l'autre obeïsse.
Le peuple est insolent quand on le traitte bien;
La douceur vous peut nuire, & ne vous sert de rien
Ces ames du commun, tiennent de leur naissance,
Insensibles tousiours à la reconnoissance;
Les biens-faits n'ont pour eux, que de foibles appas,
Si bien que le plus seur est de les tenir bas.
C'est le moyen de faire, en viuant de la sorte,
Que vostre authorité soit tousiours la plus forte;
La rigueur les instruit; leur monstre le deuoir;
Et leur oste le vice, auecque le pouuoir.
Vn esprit populaire, est souple dans la peine,
Et semblable au Lyon, il est doux à la chaine;
Il reconnoist son Maistre; & pareil en ce point,
Il le craint, & le suit; mais il ne l'aime point.
Il a tousiours dans l'ame vne vieille querelle,
Pour ceste liberté qui luy fut naturelle,
Et tout vsurpateur, apres l'auoir sousmis,
En comptant ses subiets, compte ses ennemis.

E

CÆSAR

Si ce discours est vray, c'est pour la tyrannie :
Mais quand ie regirois des Tigres d'Hircanie,
Auecques la douceur dont ie les ay traittez,
Ie les desarmerois de tant de cruautez.
Quel bien pouuoit auoir cette franchise antique,
Que ie n'aye augmenté dans nostre Republique ?
Suis-je auare, ou cruel ? ay-je souillé mes mains,
Par le desir de l'or, ou du sang des Romains ?
Et hors le seul honneur de ce grade où nous sommes,
Ay-je rien au dessus du vulgaire des hommes ?
Ils m'ont fait Dictateur, ie vis en Citoyen ;
I'oblige tout le monde, en ayant le moyen ;
Pour leur donner la paix, mon esprit est en guerre,
Et faut que mes soucis courent toute la terre :
Ha ! que ie connois bien au mal que i'ay pour eux,
Que ie plus esleué, n'est pas le plus heureux ;
Que le champ des grandeurs, est vn champ infer-
     tile ;
Et que le vray plaisir, n'est point, s'il n'est tranquile.
Soyez de mon aduis, & changeant de propos,
Croyez que mon trauail vaut moins que leur repos ;
Et que tant de labeurs m'ont donné quelque place,
En l'estime du peuple, & dans sa bonne grace.

ANTHOINE.

Ce peuple est vne mer, qui n'a rien d'arresté ;
On doit craindre l'effet de sa legereté :
Il se lasse de tout ; & son ame inconstante,
Entre aimer & haïr, paroist tousiours flottante ;
Il est à qui luy donne : on vous le peut rauir,
Par le mesme metal qui vous en fait seruir :
Et porter sa foiblesse à la fatale enuie,
De vous oster vn iour, & le Sceptre, & la vie ;
Il faut leuer le masque, en luy donnant terreur,
Et prendre le pouuoir, & le nom d'Empereur.

CÆSAR.

Ce remede est fascheux, il a trop d'amertume :
C'est insensiblement que le ioug s'accoustume ;
On doit tromper le peuple auec dexterité,
Comme on oste aux oiseaux la douce liberté ;
Esperer tout du temps ; le choisir, & l'attendre ;
Et cacher les filets, qui le doiuent surprendre.
Au reste, pour mes iours i'en regarde la fin,
Comme vn point resolu de l'arrest du destin ;
Et tiens par le discours dont mon ame est pourueuë,
Que la plus douce mort, est la plus impreueuë.

E ij

LEPIDE.

Achevons de parler, sans perdre le respect.

CÆSAR.

Dittes tout, chers amis.

ANTHOINE.

        Brute nous est suspect :
C'est aprés vostre rang, que son ame souspire.

CÆSAR.

Il est certain que Brute, est digne de l'Empire ;
Mais il attendra bien que le Ciel en son cours,
Mette sur l'horison le dernier de mes iours :
Ie suis mon ennemy, s'il est mon aduersaire.
Ha ! que vous traittez mal vne vertu sincere,
Qui souuent espreuuée, est sans comparaison ;
Et qu'on ne peut chocquer, qu'en chocquant la raison.

ANTOINE.

Face le iuste Ciel, que nos peurs soient friuoles,
Et que l'euenement s'accorde à vos paroles.

PHILIPPVS.

Le Sacrifice est prest.

CÆSAR.

Allons prier les Dieux,
De vous ouurir son cœur, ou de m'ouurir les yeux.

SCENE
SECONDE.

BRVTE, CASSIE, LABEO, QVINTVS,
ALBIN, ARTEMIDORE.

BRVTE.

E croirois faire tort à vos cœurs inuincibles,
De tascher par discours de les rendre sensibles;
Ils aiment trop l'honneur, pour ne le suiure pas,
Quand vn si beau sentier conduiroit au trespas.

E iij

Auſſi voſtre valeur m'eſtant trop bien connuë,
Ie ne dis rien, ſinon qu'en fin l'heure eſt venuë,
Où la force, l'eſprit, l'amour, & le deuoir,
En faueur du païs ſe pourront faire voir.
Ouy, c'eſt en ce grand iour, ſi digne de memoire,
Qu'il nous faut couronner par les mains de la gloire;
Elle nous y ſemond; & iamais de guerriers,
Ne pûrent obtenir de ſi dignes lauriers.
Nous ſauuons en ce iour, par la perte d'vn homme,
Non pas nous ſeulement, mais l'Empire de Rome:
Et quand ce haut deſſein nous deuiendroit fatal,
C'eſt viure, que mourir, pour le païs natal.
Employons donc pour luy toute noſtre induſtrie;
Il s'agit de ſauuer, & nous, & la Patrie;
Il s'agit de ſauuer encor la liberté,
Qui vaut plus que le bien, & plus que la clarté;
Sus donc braues Romains, acheuons l'entrepriſe;
Le mal eſt arriué ſur le point de ſa criſe;
Il faut pour nous guarir faire vn dernier effort,
Qui nous face treuuer le naufrage ou le port.
Mais de quelque façon que ſoit voſtre fortune,
Brute qui vous cherit, la veut auoir commune;
Il vous donne ſa foy qui ne ſçauroit changer;
Il veut le meſme bien, ou le meſme danger;
Et dans ce beau deſſein où l'honneur nous embarque,
Rien ne vous l'oſtera que les mains de la Parque:
Mais il croit bien auſſi que vos cœurs genereux,
Auront touſiours pour luy, l'amour qu'il a pour eux.

CASSIE.

Il eſt temps de parler, l'honneur vous le commande;
Maintenant voſtre eſprit a tout ce qu'il demande;
Brute s'eſt expliqué; teſmoignez auiourd'huy,
Qu'on ne ſçauroit rien craindre eſtant auecques luy.
Pour moy ie luy promets que l'aſpect des tortures,
Ny l'aigre ſentiment des peines les plus dures,
Ne pourront esbranler mon courage affermy;
Et d'auoir le premier du ſang de l'ennemy.

LABEO.

Mon cœur eſt dans mes yeux où ie veux qu'on le
   voye,
Sçachant qu'il y paroiſt plein d'ardeur & de ioye;
Deſia depuis long temps on l'oyoit ſouſpirer,
Dans les penſers d'vn bien qu'il n'oſoit eſperer:
Mais puis que Brute parle, & qu'vne ſi grande ame,
Bruſle du meſme feu dont la mienne eſt enflame,
Eſt-il quelque plaiſir qui ſe compare au mien?
N'oſeray-ie pas tout? & puis-ie craindre rien?
Non, non, pour obtenir cette gloire immortelle,
Il ne manquera pas d'vn ſeruice fidelle;
Les hommes comme nous ne ſçauent point trahir:
C'eſt à luy d'ordonner, c'eſt à nous d'obeïr.

QVINTVS.

Quand l'Ennemy commun seroit inuulnerable,
Mon bras entreprendroit sa deffaite honorable ;
L'œil de Brute m'inspire, vn desir violent,
Qui treuue que le temps n'a son vol que trop lent :
Vne iuste colere excite mon courage,
Apres ce haut exploict qui va finir l'orage ;
Et ie ne me veux plus estimer vray Romain,
Que le sang de Cæsar, n'ait fait rougir ma main.

ALBIN.

Brute ne sçait-il pas que mon ame mesprise,
L'amitié du Tiran, pour auoir la franchise ?
Et que foulant aux pieds tant de thresors offers,
Ie romps auecques luy, pour rompre en fin nos fers ?
Il m'aime (il est certain) mais sans ingratitude,
Ie puis à sa ruine appliquer mon estude ;
Le foible cede au fort ; & le premier deuoir,
Fait pancher la balance, ayant plus de pouuoir :
L'amour de la Patrie, emporte tous les autres ;
Et pour le faire court, mes desseins sont les vostres.

BRVTE.

Il suffit, chers Amis, ie me tiens satisfaict :
Mais auant que nos mains en viennent à l'effect,
De grace

De grace, qu'vn de vous, que la prudence guide,
Ait foin d'ofter Anthoine, & d'efloigner Lepide;
Ie connois leur courage, il eft & haut & franc;
Et puis noftre courroux ne veut pas tant de fang;
Nous voulons que d'vn feul, la trame foit coupée;
Contre vn feul la Iuftice efleue fon efpée;
Il n'en faut pas venir à l'extreme rigueur:

ALBIN.

Ie fuiuray le chemin que m'enfeigne vn grand cœur.

BRVTE.

De crainte d'eftre veus que chacun fe defrobe,
Et que tous aillent prendre vn poignard fous la robe;
Car i'ay defia le mien:

CASSIE.

Nous en auons auffi.

BRVTE.

Allons; cela va bien; retirons nous d'icy:
La fortune fouuent fauorife le crime:
Allez dans le Senat, attendre la victime,
Ma main veut à ce iour la conduire à l'autel,
Et pour vous fauuer tous, donner le coup mortel.

F

***

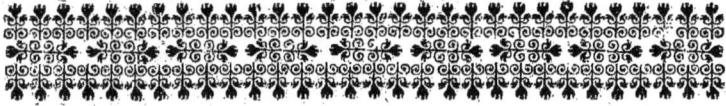

SCENE
TROISIESME.

ARTEMIDORE.

V'AY-ie entendu, bons Dieux ! est-il
    bien veritable,
Que ie n'ay point songé ce conseil detesta-
    ble ?
O l'estrange dessein ! ô l'horrible attentat !
Ils parlent de sauuer, & vont perdre l'Estat :
Mais, sans perdre moy-mesme vn temps si necessaire,
Descouurons à Cæsar ceste importante affaire,
Afin que sa prudence ait loisir d'y pouruoir :
Il semble que les Dieux m'enseignent mon deuoir.

SCENE
QVATRIESME.

CALPHVRNIE, PORCIE.

CALPHVRNIE.

'IL est vray que le temps ait mis en vos
    pensées,
Vn oubly general des affaires passées,
Et que ce grand esprit que l'on remarque en
    vous,
Ne garde pour Cæsar, ny haine, ny courroux ;
Ie vous coniure au nom de la pudique flame,
Que vous auez au cœur, & que ie porte en l'ame,
D'auoir quelque pitié de l'extréme douleur,
Que mon visage blesme a peinte en sa couleur ;
Pour vne vision qui m'a prise endormie :
Et de me descouurir en veritable Amie,

F ij

Si l'on n'auroit rien dit dedans voſtre maiſon.

PORCIE.

Quoy! vous nous ſoupçonneʒ de quelque trahiſon ?
Ha! ie ne puis ſouffrir vne ſi rude offence :
Brute a trop de vertu, qui parle en ſa deffence ;
Et ſans doute Cæſar qui connoiſt bien ſa foy,
Apprenant ce diſcours, s'en pleindra comme moy:
Ouy, ouy, ie luy diray, l'outrage inſupportable,
Qu'endure en noſtre endroit l'amitié veritable :

CALPHVRNIE.

N'importe ; vn grand mal-heur le menace auiour-
   d'huy ;
Et la peur que i'en ay m'appelle auprés de luy.

PORCIE.

Qu'elle ſçait dextrement d'vn artifice extreſme,
Surprendre les ſecrets que l'on cache en ſoy meſme !
O Dieux ! qu'elle a d'adreſſe, & qu'il eſt mal-aisé
D'euiter les filets de cét eſprit rusé !
Choſe eſtrange pourtant, qu'elle ait veu par le ſonge,
Cét enfant du ſommeil, ce pere du menſonge,
Vn deſſein qui n'eſt ſceu que des Dieux ſeulement :
Ce prodige nouueau confond mon iugement ;

Refueille ma douleur, & ma crainte endormie;
Las ! aurons nous touſiours la fortune ennemie ?
Il faut aduertir Brute; ô Dieux qui connoiſſez,
Que d'vn iuſte deſir nos eſprits ſont pouſſez,
Regardez de bon œil l'entrepriſe aduancée,
Et la faites finir comme elle eſt comincée.

F iij

ACTE IV.

CÆSAR, ANTHOINE, LEPIDE,
BRVTE, CALPHVRNIE, PORCIE,
ARTEMIDORE, ALBIN, CASSIE,
LABEO, QVINTVS, CHOEVR D'AV-
TRES SENATEVRS.

SCENE PREMIERE.

CÆSAR, ANTHOINE, LEPIDE.

CÆSAR.

POVR ce mal aduenir, dont ie ſuis me-
nacé,
Il m'eſtonne auſſi peu, comme a faict le
paſſé:

Et mon efprit efgal, fans triftefle, ny ioye,
Voit toufiours d'vn mefme œil ce que le Ciel m'enuoye:
A quoy fert aux mortels de vouloir murmurer
Contre vn mal neceffaire, & qu'il faut endurer?
Si l'on doit voir la fin de leurs triftes années,
Veulent-ils appeller des loix des deftinées?
Arrefter le Soleil au milieu de fon cours?
Et forcer la Nature à leur donner des iours?
Il faut que la raifon face mieux fon office:
Et quelque figne affreux qu'ait eu le facrifice,
C'eft à moy d'obeïr, & de baiffer les yeux,
Remettant ma fortune entre les mains des Dieux:
Elles m'ont empefché de voir mes funerailles,
Dans le fanglant peril de prés de cent batailles,
De plus de mille affauts, & de tant de dangers,
Que l'on m'a veu courir aux climats eftrangers.
Or les Dieux n'ont-ils pas (pour eftre en ma deffence)
Et la mefme douceur, & la mefme puiffance?
S'ils veulent me fauuer, qui peut me faire mal?
Et qui me peut fauuer fi mon fort eft fatal?
Ie ne m'afflige point d'vne crainte inutile;
Mon ame eft en repos; mon efprit eft tranquile;
Et la mefme raifon qui me fait difcourir,
Ne m'apprend-elle pas que Cæfar doit mourir?
I'auray le mefme fort du fondateur de Rome:
Car ce nom de Cæfar n'ofte point celuy d'homme:
Mais ie ne me plains pas d'vn fi foible pouuoir;
I'ay cherché de la gloire, & ie crois en auoir:

Or comme elle est durable, & d'essence immortelle,
C'est de là que i'attends que la mienne soit telle:
C'est par là que mon cœur se mocque du trespas,
Et par là seulement Cæsar ne mourra pas.
Cessez donc, chers Amis, d'auoir l'esprit en peine;
Soit la mort que i'attends, ou bien proche, ou loing-
   taine,
Il m'est indifferent quand i en seray vaincu;
Celuy ne meurt point tost qui n'a pas mal vescu:
Assez longue est la vie, estant faite assez bonne;
Et qui plustost la passe a plustost la Couronne:
C'est là que l'enuieux laisse l'homme de bien:
Et pour estre en estime, il faut n'estre plus rien.
Ainsi donc soit ma fin, naturelle, ou contrainte,
Ie la verray venir sans tristesse, ny crainte;
Et ne m'importe pas si la Parque m'abat,
Au lict, au Capitole, ou dedans vn combat,
Le genre different ne fait rien à la chose.

ANTHOINE.

Par vn si beau discours i'aurois la bouche close,
Si l'amitié de flame en voulant s'exhaler,
Ne forçoit mon esprit, & ma langue à parler:
Mais ie retourne encore à ma frayeur premiere:
Vn animal sans cœur, vn Soleil sans lumiere,
Vn songe espouuentable, & qui parle de mort,
L'Aigle de ce Palais, qui tombe sans effort,

Vne

Vne main de soldat qui paroist enflamée,
Qui brusle bien long temps, & n'est point consommée,
Des signes dans le Ciel, des hibous en plein iour,
Qu'on a veu se poser sur les toicts d'alentour,
Et par des cris affreux, annoncer nos desastres:
Ce iour qu'on vous a dit que menacent les Astres;
Ces phantosmes volans qu'on a veus cette nuict,
Et vostre chambre ouuerte auec vn si grand bruit,
D'vne main inuisible, & qui n'est pas peu forte:
Ces prodiges ensemble aduenus de la sorte,
Destruisent vos raisons; & font voir à nos yeux,
Le fauorable aduis que vous donnent les Dieux:
Mais inutilement leur bonté s'est offerte:
Ils veulent vous sauuer; vous voulez vostre perte;
Le Ciel vous aduertit; vous ne le croyez pas;
Vous fuyez de la vie, & cherchez le trespas;
Que pouuons nous attendre en l'estat où nous sommes,
Si Cæsar ne croit plus ny les Dieux ny les hommes?

LEPIDE.

Ce traistre qui s'approche excite mon courroux:

G

SCENE
SECONDE.

BRVTE, CÆSAR, ANTHOINE,
LEPIDE.

BRVTE.

LE Senat assemblé, n'attend plus qu'apres
   vous:
   Pour payer la valeur du plus braue des
   Princes,
Il vous declare Roy de toutes ses Prouinces;
Et veut que (hors d'icy) vous ayez souuerain,
La Couronne à la teste, & le Sceptre à la main.

CÆSAR.

Ha Brute! dans le Throne où le destin m'appelle,

Que feray-ie pour vous, apres cette nouuelle,
Où le cœur à l'amour vtilement se ioint ?
Ou bien pour mieux parler que ne feray-ie point ?

BRVTE.

Estre chery de vous, me vaut plus qu'vn Empire,
Et c'est l'vnique gloire où mon desir aspire.

ANTHOINE.

Ie m'estonne bien fort (puis que vous l'aimez tant)
Que lors qu'il s'est agy d'vn seruice important,
Et qu'on a veu sa vie, au bout de son espée,
Que vous ayez suiuy le party de Pompée ?

BRVTE.

Vous auez vn esprit qui s'estonne de rien :
Et si ie ne voyois vostre chef & le mien,
Ie sçaurois vous tirer de merueille & de doute :
Mais nous sommes dans Rome, & Cæsar nous escoute.

LEPIDE.

Ce silence est timide, autant qu'il est discret :
Respondre sans respondre est vn fort beau secret :
Mais vous estes pourtant (ou mon ame est trompée)
Le gendre de Caton, & l'Amy de Pompée.

G ij

BRVTE.

Ie fus & l'vn, & l'autre, & le tins à bon-heur:
Maintenant ie suis Brute, & fort homme d'honneur.

ANTHOINE.

On chante voſtre nom, du Tibre, iuſqu'au Tage:

CÆSAR.

Tout beau, ie vous deffends de parler dauantage:
Anthoine, oubliez vous ce qu'on doit au reſpect?
Allons; ie vay monſtrer ſi Brute m'eſt ſuſpect.

SCENE
TROISIESME.

CALPHVRNIE, CÆSAR, BRVTE,
ANTHOINE, LEPIDE.

CALPHVRNIE.

CÆSAR, ne sortez point, ou bien sortez
en armes :
Hé de grace, donnez quelque chose à mes
larmes :
Remettez auiourd'huy le Senat à demain :
Y va-t'il du salut de tout le genre humain,
Que vous n'en puissiez pas differer l'assemblée,
Afin de rendre calme vne ame si troublée,
Et destourner l'effect d'vn songe infortuné,
Qui m'a dit que Cæsar doit estre assassiné ?
Il faut absolument que Monseigneur demeure,
Ou qu'il prenne vn poignard, & que sa femme meu-
re.

G iij

CÆSAR.

Brute, que ferons nous, la dois-ie contenter?

BRVTE.

Dieux, vn si fort esprit se laisse donc tenter !
Quoy pourrez vous souffrir qu'on dise auecques blasme
Que Cæsar croit, & craint, les songes d'vne femme?
Et vous mesme vous faire vn si sanglant affront,
Qu'il s'attaque aux Lauriers qui vous ceignent le
　　front.
Ha! reiettez bien loing cette fatale enuie:
Qui peut voir à regret vne si belle vie ?
Et lequel des mortels oseroit conceuoir
Seulement vn penser contre vostre pouuoir?
Non, non, esperez mieux des bonnes destinées:
Autant que de vertus, Cæsar aura d'années:
Et si le sort luy seul ne se rend criminel,
Pour le bien du public vous serez eternel.
Acheuez donc Cæsar vne importante affaire,
Ou venez dire au moins que le Senat differe:
Si le foible soupçon attaque vn si grand cœur.

CÆSAR.

Ce Brute ardent & prompt est tousiours le vainqueur:

Ie le veux bien; sortons: vne si courte absence,
Ne viendra pas à bout de vostre patience;
Vne heure de conseil suffira pour ce iour:

CALPHVRNIE.

Ce funeste départ, n'aura point de retour:
O desloyal flateur! dont son ame obsedée,
Se treuue pour sa perte, aueuglément guidée,
Puisse-tu receuoir le loyer merité,
Et le Ciel punissant ton infidelité,
Te rende (mal-heureux) le mespris de la terre,
La haine des mortels, & l'obiet du tonnerre.

SCENE
QVATRIESME.

PORCIE.

E fuccombe, il eft vray, dans vn fi haut
deffein:
I'ay deuant que Cæfar vn poignard dans
le fein:
Defirs impatiens, cruelle incertitude,
Efpoir, crainte, douleur, trifteffe, inquietude;
Tyrans de mon efprit, regnerez vous long temps?
Accordez moy la mort ou le bien que i'attends:
C'eft trop tenir (grands Dieux) vne ame à la tor-
ture:
Tous les maux (prés des miens) ne le font qu'en pein-
ture:
Et le plus tourmenté des hoftes des Enfers,
Le feroit dauantage en ceux que i'ay fouffers.

Auffi

Aussi quelque secours que la raison me donne,
Ie sens bien qu'elle est foible, & qu'elle m'abandon-
  ne;
Et quand tout l'Vniuers entendroit mes clameurs,
Il faut que ie me plaigne, & dise que ie meurs.
Ha Brute! vn prompt retour nous est bien necessai-
  re;
Vous me faites mourir, auec nostre aduersaire;
Et bien que le discours face vn puissant effort,
I'aimerois mieux souffrir, Cæsar, que vostre mort.
Sortez de mon esprit foiblesse infortunée;
Vous desplaisez à Brute, il vous a condamnée;
Pourquoy retournez vous? fuyez, fuyez d'icy;
Ie veux bien esperer, Brute le veut ainsi:
O nouuelle agreable, autant que souhaitée,
Ie vay voir si quelqu'vn ne t'a point apportée.

H

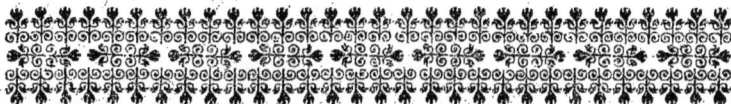

SCENE
CINQVIESME.

BRVTE, CÆSAR, ANTHOINE,
LEPIDE.

BRVTE.

*A*INSI *tant de desirs ont penetré les*
   Cieux:
   Et le Senat en fin inspiré par les
   Dieux,
Suiuant des immortels la sagesse profonde,
Va faire en ce beau iour le plus grand Roy du mon-
   de.
Ha! qu'il fera bon voir vostre extreme bonté,
Au milieu de la pompe, & de la Maiesté,
Temperer doucement cette grandeur seuere;
Faisant aimer le Throsne autant qu'on le reuere.

Ha! que de grands exploicts ; ha! que de hauts proiects ;
Ie meurs, que ie ne fuis defia de vos fubiects ;
Voyant en vous des Dieux vne viuante image,
Quel fera l'infenfé qui ne vous rende hommage?
Et qui ne preferaſt (loing de le defdaigner)
L'honneurde vous feruir à celuy de regner ?

CÆSAR.

Ha Brute ! fi i'arriue à cette heure opportune ;
Que vous aurez de part à ma bonne fortune :
Il ne vous manquera que le feul nom de Roy ;
Grade, que vos vertus vous donnent apres moy.

BRVTE.

Sur mon peu de valeur, ie regle mon attente :

H ij

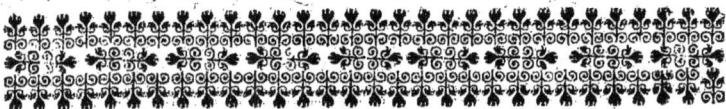

SCENE
SIXIESME.

ARTEMIDORE, BRVTE, CÆSAR,
ANTHOINE, LEPIDE, CASSIE,
LABEO.

ARTEMIDORE.

E viens pour t'aduertir d'une affaire importante;
Cæsar, prens ce Billet; & le lis prompte-
ment :

BRVTE.

Faisons agir l'adresse auec le iugement;
La mine est esuentée, ou mon ame est deceuë :
Labirinthe des grands n'auras-tu point d'issue ?
Ne peut-on esuiter vn soing si desplaisant ?
Deschargez vous la main d'vn fardeau si pesant,

Si fascheux à souffrir, & si peu necessaire;

CÆSAR.

Lisez:

BRVTE.

Ha! l'impudence; ô l'importante affaire!
Luy qui veut vne charge est digne de l'auoir:
Mais voicy le Senat qui vient vous receuoir,
Meslez vn peu le graue auec la modestie:

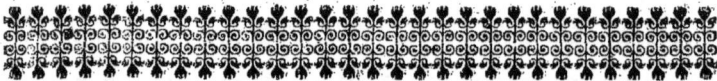

SCENE
SEPTIESME.

ALBIN, ANTHOINE, LEPIDE,

ALBIN.

V N certain messager, estant venu d'Ostie,
Vous cherche & l'vn & l'autre, il dit
estre pressé,
Ie vous en aduertis:

ANTHOINE.

où l'auez vous laissé?

H iij

ALBIN.

Au pied de l'Auentin, prest d'entrer dans la place:

LEPIDE.

Allons voir ce qu'il veut :

ANTHOINE.

Albin, ie vous rends grace.

ALBIN.

Ouy, tu me la dois rendre, auec beaucoup d'amour,
Puis que ce faux aduis te conserue le iour.
Entrons, pour auoir part à la prochaine gloire,
Comme nous en aurons aux fruicts de la victoire.

SCENE

HVICTIESME.

CÆSAR, BRVTE, CASSIE, LABEO,
QVINTVS, ALBIN, CHOEVR D'AV-
TRES SENATEVRS.

CÆSAR.

V'ON ne m'en parle plus ; Cimber est
criminel :
Ie m'oblige en ce lieu d'vn serment solem-
nel,
De n'accorder iamais cette iniuste requeste:
Qu'il garde son exil, s'il veut garder sa teste.
Ie suis clement, mais iuste; on se doit souuenir,
Comme ie sçay payer, que ie sçauray punir.
Me preseruent les Dieux de la honteuse tache,
Qu'imprime aux Dictateurs, le commandement las-
che;

Vne telle priere est digne de mespris :
Elle doit s'adresser à de foibles esprits,
Mais non pas à Cæsar ; qui sans craindre personne,
Suit tousiours les conseils que la vertu luy donne :
Quoy Brute, est-ce là donc ce qu'on vous a promis ?

CASSIE.

He! donnez quelque chose aux pleurs de ses Amis:
Cæsar, ayez pitié d'vne extreme infortune :

CÆSAR.

Allez; retirez vous; ce discours m'importune:

CASSIE.

Puis que tout le Senat, doit subir cette loy,
Prens ce premier hommage en qualité de Roy.

CÆSAR.

Ha! perfide Casca, bons Dieux que veux-tu faire?

CASSIE.

Purger Rome d'vn Monstre; assiste moy mon frere.
LABEO.

LABEO.

A ce coup insolent, ton pouuoir abatu,
Seruira de trophée aux mains de la vertu.

CÆSAR.

Ha! traistres assassins,

QVINTVS.

vomis toute ta rage;
Ce poison ne peut rien contre nostre courage.

CÆSAR.

Meschans, il est des Dieux:

ALBIN.

pour punir tes forfaits.

CÆSAR.

Ingrat, reproche moy les crimes que i'ay faits.

CASSIE.

Il faut mourir, Tiran:

CÆSAR.

O Iustice eternelle:

I

LABEO.

Elle n'escoute point une ame criminelle.

CÆSAR.

Est-ce ainsi que l'on traicte un Dictateur Romain?

QVINTVS.

C'est ainsi qu'on te met le Sceptre dans la main.

CÆSAR.

Les Dieux me vangeront.

ALBIN.

　　　　　　　　ô la foible allegeance :
Va-t'en dans les Enfers attendre ta vangeance.

BRVTE.

Brute que tu cheris te veut oster d'icy,
Ce coup t'est fauorable :

CÆSAR.

　　　　　　Et toy mon fils aussi ?

BRVTE.

Il est mort ; c'en est fait ; le voila sans parole :
Pour nostre seurete, montons au Capitole.

ACTE V.

ANTHOINE, LEPIDE, CALPHVRNIE, EMILIE, PHILIPPVS, BRVTE, CASSIE, PORCIE, LE SENAT EN CORPS, CHOEVR DE PEVPLE ROMAIN.

SCENE PREMIERE.

ANTHOINE, LEPIDE.

ANTHOINE.

*OVBSONS trop bien fondez, doubtes
trop esclaircis,
Que pour n'estre pas creus, nous aurons de
soucis !*

I ij

Deplorable Cesar, que i'ay bien connoissance
Qu'vn Astre mal-heureux esclaira ta naissance!
O comme la fortune a monstré son pouuoir!
Elle ne t'esleua que pour te faire choir.
Dieux, ne sçauois-tu point la maxime impor-
  tante,
Que puis qu'elle estoit femme elle estoit inconstante?
Qu'elle aime pour trahir, se plaist au changement,
Et fait tout par caprice, & rien par iugement.
Helas! fresles Grandeurs, pompe mal asseurée,
Belle flame d'esclair, de si courte durée,
Quiconque en te seruant, perd son temps, & ses
  pas,
Monstre certainement qu'il ne te connoist pas.
Mais comme des Nochers qu'enuelope l'orage,
Prenons pour nous sauuer le debris du naufrage,
Et taschons d'exciter d'vn genereux transport,
Le peuple comme nous, à vanger cette mort:
Faisons voir que Cesar vit en nostre memoire,
Peignons ses assassins d'vne couleur si noire,
Que le peuple irrité contre l'acte commis,
Aille espandre le sang de tous ses ennemis.
Nostre antique amitié demande cét office;
Et cét Heros merite vn si grand sacrifice.
Ouy, Brute desloyal, esprit double & peruers,
Ce bras t'ira chercher au bout de l'Vniuers,
Despeschons vn Courrier afin d'auoir Octaue;
Il nous est necessaire, il est ieune, il est braue;

De CÆSAR.

Et puis le sang l'oblige apres vn tel mal-heur,
De ioindre son courage auec nostre valeur.

LEPIDE.

Allons, allons Anthoine, où ce penser nous mene,
Nous trois aurons en main la puissance Romaine :
Le trauail & l'honneur seront pris en commun :
Et ces traistres auront trois Maistres, au lieu d'vn.

ANTHOINE.

Pour le bien de l'Estat, il nous y faut resoudre :
Ouy, contre ces Titans, ie prepare vne foudre;
Mais foudre d'eloquence, & qui leur fera voir,
Qu'elle a dessus l'esprit vn merueilleux pouuoir.
Allons parler au peuple, afin que ie l'anime,
Par le sanglant portraict d'vn si funeste crime.

I iij

***

SCENE
SECONDE.

CALPHVRNIE, EMILIE,

EMILIE.

E remede d'vn mal qu'on ne peut empef-
　　cher,
　　C'eſt de n'y ſonger pas, & de n'en plus
　　chercher.
Madame, au nom des Dieux, vn peu de reſiſtance :
A ce coup de mal-heur oppoſez la conſtance :
Et ne pouuant ſauuer cét excellent eſpoux,
En ſauuant la raiſon, Madame, ſauuez vous.

CALPHVRNIE.

Ce Conſeil criminel, me feroit criminelle :
La plainte que ie fais ſe doit rendre eternelle :

On voit tousiours aux cœurs qui furent bien vnis,
La tristesse infinie aux mal-heurs infinis.
Ouy, le deuoir m'oblige à viure de la sorte:
La douleur la plus iuste est icy la plus forte,
Apres auoir perdu ce genereux Hector,
C'est estre sans raison, que d'en auoir encor.
Perdre Cæsar, bons Dieux! qui peut auoir enuie,
Apres cét accident de conseruer sa vie?
Et de quelque propos qu'on flatte son mal-heur,
Est-il quelque plaisir apres cette douleur?

EMILIE.

Ouy, Madame, il en est:

CALPHVRNIE.

Ie le crois impossible.

EMILIE.

Vous en gousterez vn, bien grand, & bien sensible,
Lors que ces assassins, ces Tigres furieux,
Sentiront à leur tour la colere des Cieux:
O que vostre ame alors se trouuera changée,
En les voyant punis, & vous voyant vangée!
Toutes les voluptez que cherchent nos desirs;
Les obiects dont les Sens font naistre leurs plaisirs;
Les biens, ny les grandeurs, n'ont rien qui se compare,
Aux douceurs qu'on espreuue en la mort d'vn barbare,

Quand il nous a rauy (par la rage animé)
Celuy qui nous aimoit, comme il estoit aimé.
Madame, viuez donc, puis que cette esperance,
N'estant pas sans raison, n'est pas sans apparence,
Suspendez la douleur puis qu'il vous est permis;
Et ne vous perdez point qu'apres vos ennemis.

CALPHVRNIE.

Chere ombre, qui peux voir dans vne ame fidelle,
Et l'amour immortel, & la haine immortelle,
Ioints ta main à la mienne, & me viens secourir,
Puis que ie ne vy plus, que pour les voir mourir.

SCENE

SCENE
TROISIESME.

PHILIPPVS, CALPHVRNIE, EMILIE.

PHILIPPVS.

E Senat & le peuple :

CALPHVRNIE.

     .Ha! ce difcours me tuë:
Mais fi faut-il pourtant que mon cœur s'éuertuë:
Ie t'entens bien ; faifons au delà du pouuoir,
Pour rendre au grand Cæfar ce funebre deuoir.

K

SCENE
QVATRIESME.

BRVTE, CASSIE.

BRVTE.

ES hommes ſans courage, & pleins d'in-
gratitude,
Sont dignes de leur honte, & de leur ſer-
uitude :
Loing de briſer le ioug qu'on leur auoit oſté,
Les laſches ont horreur, du nom de liberté :
Helas! vois quelle force, & quel eſpoir nous reſte :
Ils iugent ta preſence, & mon abord funeſte,
Rien ne peut releuer leur eſprit abatu :
Et ie ne voy pour nous que la ſeule vertu.
Vne molle triſteſſe eſt peinte en leur viſage ;
Et l'effect a ſuiuy le funeſte preſage.
Infames, cœurs faillis, eſclaues ſans honneur,
Sçachez qu'en me fuyant, vous fuyez le bon-heur

Que vous allez r'entrer deſſous la tyrannie,
Et que le repentir ſuiura l'ignominie.
Mais à qui ces diſcours veulent-ils s'adreſſer ?
Inſenſibles qu'ils ſont, que ſert de les preſſer ?
La valeur, & nos loix, ſe treuuent meſpriſées;
Les Romains ne ſont plus que femmes deſguiſées;
Et ne voyant en eux qu'artifice, & que fard,
Il leur faut la quenoüille, & non pas le poignard.
Et bien, ſeruez meſchants, contentez voſtre enuie:
Faites que voſtre mort s'eſgale à voſtre vie:
Publiez hautement que Cæſar a vaincu,
Et mourez dans les fers où vous auez veſcu.
Ployez ſous la grandeur de quelque nouueau Mai-
    ſtre;
Adorez ſon merite auant que le connoiſtre;
Allez baſtir ſon Throſne, allez baiſer ſes pas;
Il n'importe, pourueu que Brute n'en ſoit pas.
Ie garde encor ce fer pour vn nouueau Monarque:
Son Empire eſt ſujet à celuy de la Parque:
Et bien que vos aduis ſe treuuent differens,
Ie ſuis touſiours moy-meſme, enuers tous les Ty-
    rans.
Que le peuple me quite, & que le ſort me braue,
Brute peut bien mourir, mais non pas en Eſclaue:
Dans le chemin d'honneur, eſtant trop aduancé;
On le verra finir comme il a commencé.

K ij

CASSIE.

Tous ceux que ta valeur attache à ta fortune,
Sont Nochers, que iamais n'a fait paſlir Neptune :
Quand l'Vniuers contr'eux ſe verroit coniuré,
L'Vniuers les verroit d'vn viſage aſſeuré.
Leur ame grande & forte, incapable de change,
Taſche de meriter vne iuſte loüange ;
Si bien que la fortune, auec tout ſon pouuoir,
Ne ſçauroit les oſter du chemin du deuoir.
Marche (ſi tu le veux) apres noſtre ſortie,
Vers les climats loingtains de la froide Scithie,
Cherche (ſi tu le veux) quelque meilleur deſtin,
Dans ceux que le Soleil viſite le matin,
Nous te ſuiurons par tout ; & ſçaches que noſtre ame,
Meſpriſera pour toy, le fer, l'onde, & la flame ;
Oublira le païs, les parens & le bien ;
Fais donc quand tu voudras, noſtre deſtin du tien.

BRVTE.

Sortons, mon cher Amy, de ceſte infame Rome,
Où le vice eſt maſqué ſous le viſage d'homme,
Où l'auarice regne auec la laſcheté ;
Où l'on voit chacun libre, & point de liberté ;
Où le crime impuny monſtre ſon inſolence ;
Où la vertu gemit ſous vn honteux ſilence ;

Et bref, où les forfaicts, arriuent à tel point,
Que pour estre innocent, il faut ne l'estre point.
Allons vers Antium, former vn corps d'armée :
Il naistra des Soldats de nostre Renommée :
Assemblons nos Amis ; partons en combattant :

CASSIE.

Ie m'en vais les treuuer ;

BRVTE.

I'y suis dans vn instant.

K iij

SCENE
CINQVIESME.

BRVTE, PORCIE.

BRVTE.

E N ce nouueau trauail, que le destin me
    donne,
    Il faut, helas! il faut, que Brute t'aban-
    donne;
Ce mal persecutant, que rien n'a diuerty,
Est le plus grand des miens, & le plus ressenty.
Ie quitterois la vie, auecques moins de peine:
Mais quoy, la destinée est tousiours souueraine;
Il luy plaist, il le faut : que sert de reculler?
L'Arrest est prononcé, ie n'en peux appeller.

PORCIE.

Brute s'en va partir! ô tristesse infinie!

BRVTE.

De la mort d'vn Tyran, renaist la tyrannie :

Son sang enuenimé fait reuoir auiourd'huy,
En despit de ma main, des monstres comme luy.
L'esclat de ma vertu les choque, & leur fait ombre;
A faute de raison on la vainc par le nombre :
Et ie me vois forcé de partir de ce lieu,
(Au moins si sans mourir ie peux te dire Adieu)
De quelque bon discours dont mon ame se pare,
Elle sent la rigueur du coup qui la separe,
Ie reste sans constance en l'estat où ie suis,
Et ie succombe enfin souz l'effort des ennuis.
Ouy, partir sans douleur m'est vn acte impossible ;
Ie perds en te quittant, le titre d'inuincible,
Et malgré ma raison, ie me sens arracher,
Ce que l'honneur m'oblige encor de te cacher.
Mais toy, chere Porcie, en ce funeste orage,
Prens ce que ie n'ay plus ; sers toy de mon courage ;
Fais agir ta vertu dans vn sort si douteux ;
Mon amour le permet, ie n'en suis point honteux.

PORCIE.

On verra que ie suis (quoy que l'on execute)
La fille de Caton, & la femme de Brute :
Que l'Vniuers entier s'assemble contre toy,
Aussi bien que ton cœur subsistera ma foy.
La peine la plus grande & la mieux inuentée,
Dont l'ame d'vn mortel puisse estre tourmentée,
Me verra conseruer tout ce que i'ay promis ;
Et ie feray paslir tes plus fiers ennemis.

Ma force, & ta vertu feront honte à leur vice;
Ie treuueray la gloire au milieu du supplice;
Et toute leur puissance, & toute leur rigueur,
N'esbranleront iamais, ton ame, ny mon cœur.

BRVTE.

Ha! ce diuin propos m'eschauffe, & me r'anime:
Apres l'auoir gousté, la foiblesse est vn crime:
Ie parts, mon cher Amour, ie parts, mais resolu,
De mourir noblement, si le sort l'a voulu.

PORCIE.

Ma fin suiuant la tienne (en estant esclaircie)
Sera digne de Brute, & digne de Porcie.

BRVTE.

Puisse le Ciel touché, par vn desir si beau,
Nous reioindre à la vie, ou du moins au tombeau.

SCENE

SCENE
SIXIESME.

ANTHOINE, CALPHVRNIE, LE SE-
NAT EN CORPS, CHOEVR DE
PEVPLE ROMAIN, LEPIDE, EMI-
LIE, PHILIPPVS, ARTEMIDORE.

ANTHOINE.

Oraison Funebre.

LE Grand Cæsar est mort : ce second Ale-
xandre ;
(Helas ! qui le croira) n'est plus qu'vn peu
de cendre :
Et cette Vrne contient (ô triste souuenir)
Ce que tout l'Vniuers ne pouuoit contenir.
Mais quel estrange sort le dérobe à la terre ?
Est-il mort dans son lict ? est-il mort à la guerre ?

L

Où ſi la forte amour que les Dieux ont pour luy,
Sans mal, & ſans douleur nous l'enleue auiour-
  d'huy?
Non, il a bien ſouffert vn traictement plus rude,
Et de la perfidie, & de l'ingratitude:
Ie friſſonne d'horreur d'y penſer ſeulement,
Et vous allez auoir le meſme ſentiment.
Qu'on aille aux chauds deſerts de l'ardente Libie,
Ou dans les vaſtes champs de l'affreuſe Arabie,
Qu'on viſite l'Affrique, & ſon peuple noircy,
On n'y verra iamais tant de monſtres qu'icy.
Mais ces monſtres encor ne ſont pas ordinaires;
Ils ſont des plus cruels & des plus ſanguinaires:
Et pour vous faire voir, que ſans doute ils ſont tels,
Ils font mourir Caſar, le meilleur des mortels.
Mais comme quoy mourir? iamais la barbarie
Des Lions qu'on irrite, & qu'on met en furie,
Au milieu des Captifs, que leur rage a deffaicts,
N'a produit à vos yeux de ſi ſanglants effects.
Vingt & trois fois leurs mains (ſi dignes de la fla-
  me)
Ont ouuert le paſſage à ſa genereuſe ame,
Et Caſar à la fin, percé de tant de coups,
A perdu tout le ſang qu'il conſeruoit pour vous.
Ha! l'excés de douleur, me coupe la parole;
Et ie m'afflige plus que ie ne vous conſole:
Illuſtre, & Grand Caſar, tu m'entends aduoüer,
Qu'il faut que ie me pleigne, au lieu de te loüer.

Vingt & trois coups meschans ! au moins dites quel
  crime
A fait le Dictateur , & ce qui vous anime ?
Ils ne respondent rien : & Cæsar n'est blasmé ,
Que parce qu'il aimoit , & qu'il estoit aimé.
Ouy peuple , vostre amour luy fait perdre la vie :
Car tousiours l'innocence est subiecte à l'enuie :
Qui de tous les mortels , peut auec verité ,
Dire qu'il a souffert ce qu'il a merité ?
Et qui peut iustement se pleindre de cét homme ,
Qui sembloit s'immoler pour la grandeur de Rome?
Demons dont la fureur est sans comparaison,
Parlez ; ils sont muets , à faute de raison :
Mais traistres , cachez vous dans le centre du monde,
Mesurez la grandeur de la terre & de l'onde,
Fuyez , fuyez tousiours , taschez de vous sauuer ;
Le bras puissant des Dieux vous sçaura bien treu-
  uer :
Portant en vostre sein l'oiseau de Promethée,
Par vn cuisant remords , vostre ame tourmentée,
Vous faisant endurer des tourmens eternels,
Vous serez les bourreaux comme les criminels.
Et vous peuple Romain , perdrez vous la memoire,
Que des mains de Cæsar vous tenez vostre gloire ?
Ne vous souuient-il plus qu'il range a sous vos loix,
Ces peuples aguerris , ces genereux Gaulois?
Et que fendant les flots de l'humide campagne,
Il porta vostre nom dans la grande Bretagne,

Et fit voller voftre Aigle, & regner en des lieux,
Qui n'eftoient commandez, ny connus que des Dieux?
Que fi l'on oublioit fa valeur infinie,
Affrique, Espagne, Grece, Egypte, Germanie,
Et tant d'autres Climats que Cæfar a domptez,
Parlez de fes hauts faits, comme de fes bontez.
Tibre, qu'il a rendu le plus fameux des fleuues,
Toy qui vis fa valeur, par de fi belles preuues,
Dis nous combien de fois Cæfar eft retourné,
Dans le char de Triomphe, & combien couronné:
Mais comme vne vertu femble en former vne autre,
Il ne vouloit du bien, que pour le faire voftre:
Voyez comme l'Amour qui conduifoit fa main,
Combloit de fes bien-faicts tout le peuple Romain:
Lifez ce Teftament; il l'efcriuit luy mefme:
O d'vn cœur liberal, magnificence extréme!
Il vous y donne à tous; & l'vn de fes meurtriers,
Se treuue encore mis entre fes heritiers.
Et quoy, tant de faueur rend voftre ame obligée,
Et fa funefte mort ne fera point vangée?

Il mon-
ftre la
robe de
Cefar
au peu-
plé.

Il faut fe declarer; fus donc, refpondez tous;
C'EST LE SANG DE CÆSAR (ROMAINS) QVI
　PARLE A VOVS.
Voyez de fon deftin les pitoyables marques,
Que virent à regret les yeux mefmes des Parques;
Ne punirez vous pas la rage de ces loups?
C'EST LE SANG DE CÆSAR (ROMAINS) QVI
　PARLE A VOVS.

Quoy, voulez vous souffrir que les races futures,
En fremissant d'horreur de voir nos aduantures,
Vous blasment comme Brute, en manquant de cour-
roux,
C'EST LE SANG DE CÆSAR (ROMAINS) QVI
PARLE A VOVS.
Au moins n'oubliez pas qu'Anthoine plus fidelle,
Monstrant vostre deuoir, fit paroistre son zele,
Et que pour s'acquiter, il vous dit à genoux,
QVE LE SANG DE CÆSAR (ROMAINS) PAR-
LOIT A VOVS.

CALPHVRNIE.

Pour vous faire courir à de si iustes armes,
Souffrez moy de mesler ce Sang auec mes larmes :
Et si quelque pitié regne en vos cœurs pour moy,
Gardez bien d'en auoir, de ces hommes sans foy.

VN CITOYEN.

D'vne lasche pitié nos cœurs sont incapables:
Qui deffend les meschans, est au rang des coulpables:
Allons, allons changer ce discours en effects;
Et de ce mesme feu consumer leurs Palais.

L iij

SCENE
DERNIERE.

VN AVTRE CITOYEN.

SENATEVRS, apprenez la plus grande merueille,
Qui peut-estre iamais ait frappé vostre oreille :
Hier au soir ennuyé de voir tant de meschans,
I'allay passer la nuict dans la douceur des champs:
Mais reuenant au point que la clarté s'allume,
Mon œil a veu Cæsar, plus grand que de coustume,
D'vn port maiestueux, d'vn regard esclattant,
Qui s'esleuoit sur Rome; & qui dans vn instant,
Par cette agilité dont vne ame est pourueuë,
A trauersé les airs , ayant lassé ma veuë :
Mais au mesme moment s'est fait voir à mes yeux,
Vn Astre tout nouueau qui brilloit dans les Cieux,

Qu'aucun ne doute icy de ce rapport fidelle.

ANTHOINE.

Bien-heureux Meſſager ! agreable nouuelle !
Romains, Venus ſans doute, a mis en ce haut rang,
Celuy que la Nature a tiré de ſon ſang ;
Ce grand Neueu d'Enée, ou pluſtoſt ſon merite,
Qui treuuoit parmy nous la terre trop petite,
Luy donne cette place entre les immortels ;
Et nous demande à tous, l'Encens, & les Autels.
Qui voudroit refuſer ſon cœur-meſme en offrande,
A ce Dieu, qui a fait tel vne vertu ſi grande ?
Pour croire ce miracle, il ne faut point le voir :
Mais, Romains, ſçaueʒ vous quel eſt voſtre deuoir ?
Puis qu'il a merité de la Choſe Publique,
Qu'elle erige en ſon Nom vn Temple magnifique,
Allons le deſſeigner : & qu'on ſçache en tous lieux,
QVE L'ILLVSTRE CAESAR EST AV NOMBRE
DES DIEVX.

F I N.

AVTRES
OEVVRES
DE MONSIEVR
DE SCVDERY.

lefrance Constant

A PARIS,

Chez AVGVSTIN COVRBE', Libraire & Impri-
meur de Monſieur frere du Roy, au Palais,
en la petite ſalle, à la Palme.

M. DC. XXXVI.

AVTRES
OEVVRES
DE MONSIEVR
DE SCVDERY.

CVRIATA RESVRGO

Wefrance Constant

A PARIS,

Chez AVGVSTIN COVRBE', Libraire & Impri-
meur de Monſieur frere du Roy, au Palais,
en la petite ſalle, à la Palme.

M. DC. XXXVI.

(2)

ADVERTISSEMENT.

ECTEVR,

Selon les Regles que nous tenons des Anciens, tout Poëme Epique, doit estre fondé sur deux Principes : le vray-semblable, & le merueilleux. Ainsi voit-on dans Homere, le Siege de Troye, & la Magie de Circé : dans Virgile, le voyage d'Italie, & celuy des Enfers : dans l'Arioste, la guerre de France, & les charmes d'Alcine : dans le Tasse, la prise de Hierusalem, & les Enchantements d'Armide : Et c'est sur ces fameux exemples que i'ay basty cét ouurage ; qui me doit apprendre si mon style sera iugé capable de soustenir la grauité du Poëme heroïque, par ceux, en faueur de qui ie veux en composer vn. Qu'on regarde donc cette piece, & celle qui la suit comme vn Essay de ce grand Oeuure, & qu'on voye le vray-semblable en mon voyage, & le merueilleux en mon Temple. Il est bien vray que i'ay vn peu plus penché vers le dernier, que vers l'autre, comme plus propre aux descriptions, qui font l'ame de la Poësie : au reste, comme l'Epopœe doit embrasser par Episodes toutes les sciences, & tous les Arts,

A   ij

ayant parlé de Geographie, d'Architecture, de Portrai-
cture en toile, en Verre, en Marbre, en bois, & de la
Nauigation ; i'ay creu estre obligé de le faire en termes pro-
pres : que s'il s'en rencontre quelqu'vn qui ne soit pas de ta
connoissance, donne toy la peine de consulter là dessus, ou
les Maistres, ou les Liures, & tu verras que les vns & les autres parleront en ma deffence, & t'apprendront ce que ie
n'ignorois pas, & ce que tu ne sçauois point.

LE TEMPLE

POEME

A LA GLOIRE DV ROY,

ET DE MONSEIGNEVR

LE CARDINAL

DVC DE RICHELIEV.

Dedié à la France.

OY, que tous les Climats regardent par
enuie,
Mere des beaux Esprits, qui m'as donné
la vie;
FRANCE, qui dois t'accroistre autant que l'Vniuers,
Souffre qu'vn de tes fils te l'apprenne en ces vers;

A iij

Souuiens-toy qu'Apollon sçait les choses futures;
Et lis tes bons destins auec mes aduantures.
Mais confesse à genoux, FRANCE, aussi bien que
  moy,
Que ta grandeur consiste en celle de ton ROY,
Adore les Exploits que sa valeur acheue :
Et songe, en t'abaissant, que c'est luy qui t'esleue.

Lors qu'vn noble desir qui m'eschauffoit le sein,
M'eut fait voir que le vent secondoit mon dessein,
Me laissant emporter au Dieu qui me conseille,
Ie fus (pour les quitter) aux Riues de Marseille :
I'entre dans vn vaisseau qui s'esloigne du bord,
Et nos yeux & nos bras sont tendus vers le port ;
Nos visages sont peints du regret qui nous touche ;
Aucun des Matelots ne peut ouurir la bouche,
La tristesse la ferme au partir de ce lieu,
Et celle du Canon dit le dernier adieu.
Vne espaisse fumée offusque nostre veuë,
Comme elle disparoist, la ville est disparuë ;
Et le Riuage aimé se monstre seulement,
Ainsi qu'en vn Tableau par vn esloignement.
Sur les soings du Pilote, on voit dormir la Troupe,
Le vent enfle la voile, & nous vient par la Poupe,
Et semblant nous promettre vn bon-heur souuerain,
Toute la Mer est calme, & le Ciel est serain.
On voit cét Element dans vn profond silence ;
Ny les vents, ny les flots, n'ont point de violence,

Et de peur de troubler le repos de la nuit,
Ce qu'ils font est plustost vn murmure qu'vn bruit.
Nous marchons sans marcher, & la Nauire volle :
Elle fait vn chemin que luy monstre le Pole,
Et suiuant en son cours la Carte & le Compas
Elle trouue vn passage aux lieux qui n'en ont pas.

Mais qu'il a peu de foy cét inconstant Neptune !
Et que de changemens où regne la Fortune !
A peine le Soleil eut acheué son tour,
Qu'il amena l'orage en r'amenant le iour :
Son illustre Berceau deuient sa Sepulture ;
On voit prendre le dueil à toute la Nature ;
L'Air est champ de bataille, à de gros Tourbillons
Qui se viennent chocquer comme des Bataillons :
Ces insolents mutins, qu'vn foible Dieu gouuerne,
Sortent tous à la foule, & quittent leur Cauerne ;
Et comme en la fureur l'esprit leur est osté,
Chacun suit son caprice, & va de son costé.
Le Pilote voit bien que la tempeste est proche,
Il tasche de se mettre à l'abry d'vne roche,
Mais inutilement ; ce volage Demon,
Se mocque du Pilote, & se rit du Timon.
La Mer ne paroist plus, ny tranquile, ny claire ;
Elle escume de rage, & gronde de colere ;
Et lors que le Tonnerre esclate horriblement,
Elle luy sert d'Echo par son mugissement.
La flame des Esclairs, comme elle est continue,
D'vne escharpe de feu semble ceindre la Nuë ;

Et comme si le Ciel nous vouloit abismer,
Il verse incessamment vne Mer dans la Mer.
Le Nocher par les Cieux cherche en vain des Estoiles,
Il quitte le Cordage, il amene les Voiles,
Son art cede à la force, & nous sommes remis
A la mercy des Vents qui sont nos ennemis.
L'vn monte la Nauire, & l'autre la renuerse,
Cestuy-cy nous arreste, & cét autre nous berse,
Haut, bas, à droict, à gauche, en arriere, en auant,
Ordinaires effects de l'Empire mouuant.
Nous voyons sa colere, & souffrons son rauage,
Nos desirs n'oseroient approcher du riuage,
Et bien qu'en ce peril nous en eussions besoing,
De crainte d'y chocquer, nous le souhaittons loing.
D'vne horrible tumeur la Mer s'enfle le ventre,
Et comme elle se fend nous tombons iusqu'au centre;
Si bien qu'en ces deux temps, par le feu des Esclairs,
Arger paroist au Ciel, & Thunis aux Enfers.
Nous croyons nos tombeaux, comme les riues proches,
Autant que les Brisans, nous redoutons les Roches;
Mais comme vn coup de Mer nous prepare la mort,
Vn gros d'eau nous repousse, & nous sauue du bord.
Vne nuict de trois iours, comme celle d'Alcmene,
Nous fit tenir encore vne route incertaine;
Car nous perdismes lors, dedans ce fortunal,
Et conduite, & Pilote, & Timon, & Fanal.

  Enfin, de tous les Vents, vn seul reste en furie,
Qui nous fait costoyer toute la Barbarie:

Nos

Nos deſſeins commencez demeurent imparfaits;
Nous laiſſons à main gauche, & Marroques, & Fez,
La tourmente redouble, & la Mer plus eſmeuë
Porte & meſle ſes Eaux dans celles de la Nuë,
Preuue de ſon orgueil, effect de ſon pouuoir:
Calpe nous apparoiſt, Abile ſe fait voir;
Le riuage s'approche, & l'eſpoir ſe recule,
Nous chocquons (peu s'en faut) aux Colomnes d'Her-
cule;
Mais en fin le Vaiſſeau, reprenant le milieu,
Laiſſe derriere ſoy les Termes de ce Dieu,
Et ſe vient engouffrer, perdant la Tramontane,
Sur l'ample & vaſte ſein de la Mer Oceane.

Là, fort long temps encor nous ſommes ballotez,
Et cinglant malgré nous, on nous voit emportez:
Nous remarquons fort prés, & noſtre œil conſidere,
Palme, l'iſle de fer, Tanariffe, & Madere:
Nous voyons mille Bancs, nous voyons mille Eſcueils,
Ou pour les mieux nommer, deux mille grands Cer-
cueils.

Et faiſant vn chemin, ſans y laiſſer de piſtes,
Nous voyons Saincte Helene, & les deux Iſles triſtes:
En fin tous les obiets ſe cachant à nos yeux,
Nous ne voyons plus rien que la Mer & les Cieux;
Et nous ſommes portez par la vague eſcumeuſe,
Plus loing que n'a vollé la COLOMBE fameuſe.   Chriſt.
                                                        Colôb.
Deſia noſtre treſpas ſembloit eſtre certain,
Et nous contions nos iours, en contant noſtre pain;

B

Quand les Vents irritez à l'aspect de la Terre,
Pour nous donner la paix, terminerent leur guerre:
Triton d'vn Cor de Nacre, ordonna qu'à l'inftant
Ces mutins laiffevoient noftre logis flottant;
Ils grondent au partir, pour l'efpoir qui les trompe;
Noftre vaiffeau brisé vomit l'eau par la Pompe,
Et la Mer refte efmeuë apres vn tel fuccés,
Comme vn febricitant, à la fin d'vn accés.
On iuge neantmoins la bonace certaine:
Et Caftor, & Pollux, font aux bouts de l'Antene,
L'air s'efclaircit par tout, & defia nous voyons
Vn Roc, que le Soleil dore de fes rayons.
On doute fi cette Ifle eft heureufe ou fatale,
Mais nous connoiffons bien qu'elle eft Orientale:
On l'aborde, & le Ciel nous voit tous à genoux,
Pour nous auoir conduits fouz vn Climat fi doux.
      La Troupe fur la riue auffi toft amaffée,
Se met à r'habiller noftre Nef fracaffée:
Moy, qu'vn defir de voir, fuiura iufqu'aux abois,
Ie vay m'efgarer feul dans le milieu d'vn Bois.
Iamais foreft ne fut, fi verte, ny fi fombre;
Mil ans ont trauaillé pour former fa belle ombre:
Et iamais le Soleil, d'vn rayon curieux,
Ne fçauroit penetrer au fecret de ces lieux.
Là tous les Animaux viuent francs de querelle,
Et fuiuent la douceur qui leur eft naturelle:
Le Phœnix fe nourrit en ces Bois innocens,
Et de Chrefme de Baume, & de larmes d'Encens:

C'est dans ces lieux sacrez, & non en Arabie,
Qu'en se donnant la mort, il se donne la vie ;
Là, sur le haut d'vn Arbre il demeure offusqué,
Par les exhalaisons de son brasier musqué :
Mais dedans son trespas il monstre qu'il espere,
Et le Soleil se rend, son meurtrier & son pere.
Le Cigne en attendant qu'il meure sans ennuy,
Nage là dans vne onde aussi pure que luy.
    Là, des Chantres sçauants forment vne harmo-
      nie,
Dont l'extréme douceur a de la tyrannie :
Le Pan tousiours superbe, en marchant en-auant,
Porte derriere luy son beau iardin mouuant,
Il imite les Rois ; & sa teste se couure,
D'vn Dais plus esclatant qu'on n'en peut voir au Lou-
      ure.
Et bref, tout ce que l'Air, & la Terre, & les Eaux,
Ont de petits poissons, de bestes, & d'oyseaux,
Nage, volle, & bondit, sans connoistre la crainte,
Dans vne liberté qui n'est iamais contrainte.
Ie fais suiure vne route à mes pas incertains,
Qui les mene aux derniers de ces Arbres hautains,
Que Nature cherit, que caresse Zephire :
Là, s'offrent à mes yeux, deux Piliers de Porphyre ;
L'vn porte vn Escriteau, loing du Soubassement ;
Ie le voy, i'en approche, & i'y lis aisément,
En characteres d'or, en lettre bien formée ;
L'Isle de la Valeur, & de la Renommée.

L'autre, en du Marbre noir, me presente ces vers.

Toy, que le sort conduit au bout de l'Vniuers,
Passant ; va voir vn TEMPLE, à qui les destinées,
Ont promis de donner d'eternelles années :
Mais garde le respect que l'on doit à ce lieu,
Que bastit Apollon pour vn grand demy-Dieu.

I'entreprens le chemin, où ce discours m'engage,
Rauy de voir ces mots escrits en mon langage.
Ie trauerse vne plaine, où le Ciel par des pleurs,
Oblige la Nature à luy monstrer des fleurs.
Aussi tost ie descouure vn TEMPLE magnifique,
De structure à la Grecque, & dans l'ordre Dorique.
Sa façade contient cent Colomnes de rang,
Toutes de Marbre rouge, & le Chapiteau blanc.
Apres, vn Cordon regne, en mesures esgales,
Ce ne sont que Festons, ce ne sont qu'Astragales,
Frises à demy bosse, & Listeaux embellis
D'vne L couronnée, & de trois FLEVRS DE LYS.
Des Chapeaux de triomphe, & des Monstres grotes-
*   ques,*
Centaures, & Tritons, feuillages, Arabesques,
Des Cornes d'abondance, & des Vases fumans,
En fin l'Architecture a tous ses ornemens.
Le toict se voûte en Dome, & se couure de lames,
De qui l'or, & la forme esclate par des flames
Que l'on voit ondoyer iusques au bord du Mur,
L'or estant separé par des lignes d'Azur.

Au deſſus du Portail s'auancent des Corniches,
Où ſoixante & trois Rois, dedans autant de Niches,
Paroiſſent en leur Throſne ; & mes yeux reſioüis
Furent, de Pharamond, iuſques au grand LOVYS.
Ce Prince ſous ſes pieds a cette Prophetie,
Que les euenemens ont aſſez eſclaircie :

Quand vn ieune Lyon,
Aura coupé les Chefs de la Rebellion
Sur le Rocher fameux, que la Mer enuironne :
Ses Ennemis cachez eſtant lors deſcouuers,
Le Conſeil d'vn Chapeau ſauuera ſa Couronne,
Et le fera regner deſſus tout l'Vniuers.

Style Prophetique.

En ſe iettant hors d'œuure, vn COQ ouure les
    aiſles :
Cét oiſeau porte au bec, nos trois FLEVRS immor-
    telles ;
Et l'on voit à l'entour de L'ESCVSSON guerrier,
La Palme d'vn coſté, de l'autre le Laurier.
Mars, Minerue, & Themis, d'vne Eſcriture au-
    guſte,
Diſent, IL EST VAILLANT, IL EST SAGE, IL
    EST IVSTE :
Là ſont les Noms ſacrez deſſus vn Diamant,
Du trois fois grand LOVYS, & de l'Illuſtre AR-
    MAND.
Sur les Portes d'Ebene, on voit à demy-taille,
En Portraits racourcis, mainte & mainte Bataille,

B iij

Que doit gagner mon Roy, digne Neueu d'Hector:
Portes à clouds d'argent, qui vont sur des gonds d'or.
  Mais à quelque grandeur que ce beau TEMPLE ar-
    riue;
Et bien qu'on soit rauy de voir sa perspectiue;
Ce n'est rien par dehors : & contraire aux Tom-
    beaux,
Ses obiets par dedans sont mille fois plus beaux.
Le paué tout d'Esmail, en ses couleurs meslées,
Feroit honte à l'Azur des Voûtes estoilées,
Ie n'osois y marcher, tant il auoit d'appas,
Et ie croyois auoir l'Arc en Ciel sous mes pas.
Ce TEMPLE a ses piliers de grosseur apparente,
D'Albastre Orientale, & qu'on void transparente,
Blanche comme du laict, claire comme cristal;
Bazes, & Chapiteaux, sont du plus pur metal.
Sur de l'eau congelée (ornement de Venise)
Vn excellent ouurage, vne peinture grise,
Cuite, & recuite au feu, prend, & donne le iour;
Et ces Vitres font voir, Mars qui chasse l'Amour.
On voit briller en haut vn feu de Pierrerie;
En vn lieu, l'Emeraude imite vne Prairie;
En l'autre l'Escarboucle est vn Astre qui luit,
Et qui fait qu'en ce TEMPLE, il n'est iamais de nuit.
Les Perles, les Rubis, les Zaphirs, les Opales,
Confondant leurs couleurs esclatantes & pasles,
Font vn diuin meslange, & par tout ce lambris,
A peine voit-on l'or sous les pierres de prix :

Et l'œil, de son aspect, receuroit vn outrage,
S'il n'estoit necessaire à distinguer l'ouurage.
De plus de cent flambeaux ce TEMPLE est decoré;
Les Placques & les Bras sont de vermeil doré:
Ses Arcades par tout richement estoffées,
De Drapeaux, d'Estandars, de Guidons, de Tro-
    phées ;
Et contre les piliers pendent tous les Escus,
Des Princes & des Rois, que le nostre a vaincus.
    Ce TEMPLE a des Tableaux, où l'Art & la Pein-
    ture,
Peuuent deceuoir l'homme, & vaincre la Nature:
Leur Coloris est vif, les Corps fort arrondis,
L'ordonnance en est belle, & les traits bien hardis.
Là, des doctes Pinceaux ont mis tout en vsage;
Renfondremens, faux-iour, Ciel & Mer, Païsage;
La couleur bien posée, & l'habit bien drappé;
Enfin, tous ces obiects font que l'œil est trompé.
L'on y voit des combats, & des sieges de villes;
Et toutes les fureurs de nos guerres ciuiles;
    Montauban attaqué, Montauban deffendu,
Montauban inuincible, & Montauban rendu.
    Là, ces fiers Habitans de l'vn des coins du Monde,
Nagent dedans leur sang aussi bien que dans l'onde,
Et le Peintre fait voir leur orgueil enterré,
Sous le sable fameux de nostre Isle de Ré.
On leur voit remporter dans leur tristes Patries,
Des Leopards blessez, & des Roses flestries;

Apres n'eſtre venus que pour nous couronner,
Que pour ſe faire vaincre, & pour s'en retourner.

Les forces de mon ROY, domptent là ſes Riuales,
Il gagne par les ſiens deux Batailles Nauales;
Le Cinabre & l'Azur ornent le front des Eaux,
Où flotte (auec les corps) le debris des Vaiſſeaux,
Et l'Ouurier fait au ROY, par vne docte feinte,
Vn tableau de la Mer, où ſa gloire eſt deſpeinte:
Gloire, qui peut ternir (tant elle a de hazards)
Les Exploits d'Alexandre, & les faicts des Ceſars.

C'eſt là qu'on apperçoit ceſte fiere Rebelle,
Cét obiet de terreur, la ſuperbe Rochelle,
Perdre le nom de Ville, auſſi bien que le cœur,
Pour donner à mon ROY, celuy de ſon Vainqueur.
Là, tous ces grands trauaux ſe font paroiſtre inſignes;
L'on y voit tous nos Forts, attachez par des lignes;
Et l'Ocean reçoit des mains de RICHELIEV,
Vn frein, qu'il n'eut iamais, que de celles de Dieu.
Le Peintre induſtrieux, pour Troupes ennemies,
Sur le haut de Tadon, fait marcher des Momies,
Et ces hardis Pinceaux figurent enfermez,
Des Phantoſmes en garde, & des Spectres armez.
On voit que leur orgueil eſt tout preſt de s'abatre;
Ils ont vn ennemy qu'ils ne ſçauroient combatre;
Haues, tous deſcharnez, & demy-morts de faim,
Cent mets extrauagants paroiſſent en leur main.
L'adreſſe du Pinceau les a deſpeints ſans force,
L'vn mange vne racine, & l'autre vn peu d'eſcorce,

L'autre

L'autre, comme vn thresor tient de vieux os cachez,
Que le temps a blanchis, & que l'air a sechez :
L'vn auale vn crapaut pour allonger sa vie,
Vn autre le deuore auec vn œil d'enuie,
Et brisant les tombeaux par vn brutal effort,
Ils vont chercher à viure au seiour de la mort.
L'absinthe pour leur goust n'est plus vne herbe amere,
Les femmes ont perdu les sentimens de Mere,
La rage suit la faim ; & l'Enfant englouty,
Rentre dedans vn lieu dont il estoit sorty.
Et ces cœurs bien plus durs que n'estoient leurs murailles,
Ne sont point amollis par tant de funerailles ;
Leur main ouure la terre, en se voyant pastir,
Pour se fortifier, & pour s'enseuelir.
Mais en vain ces Geants esleuent de la poudre,
Du milieu du Tableau le Ciel darde vne foudre,
Leurs ramparts sont à bas, & pour mieux triompher,
Le Roy donne la vie à ces ames de fer.
Sa Clemence veut vaincre, aussi bien que ses armes,
Le sang qu'il a versé, luy fait verser des larmes,
Il ne voit qu'à regret dans leur temerité,
Le mal qu'ils ont souffert, & qu'ils ont merité,
Son extréme douceur compatit à leur peine,
Il fait naistre l'amour au milieu de leur haine,
Ils rencontrent vn port, qu'ils croyoient vn escueil,
Il a pitié des morts qu'il tire du cercueil,
Et flattant leurs esprits iusqu'aux bords du Cocyte,
Il ne les dompte pas, mais il les resuscite.

C

Spectateurs du combat, les Anglois (en vn coing,
Qui pour cacher leur peur n'estoit pas asseʒ loing)
Confessent en perdant le cœur & l'esperance,
Que si ce n'est en Titre on ne prend point la FRANCE;
Et que tel s'en dit ROY, qui peut-estre (agresseur)
Vn iour suiura le Char du IVSTE possesseur.

　　Ces longs rangs de rochers que la Nature lie,
Pour separer d'vn mur, la France & l'Italie,
Dans vn autre Tableau, sont couuerts de guerriers,
Dont le sang genereux arrouse des Lauriers :
Leur extréme valeur a les destins propices;
Pour elle, tous ces monts n'ont point de precipices.
Ils marchent plus ioyeux, que s'ils alloient au bal,
Sur les traces des pas du fameux Hanibal,
Là, cent bouches de fer, sur les Alpes chenuës,
Confondant leur vapeur auec celles des nuës,
Vomissent de la flame ; & font pleuuoir sur eux,
Des foudres, des boulets, de la gresle, & des feux.
Vn bruit se mesle à l'autre, & Mars en cette guerre,
Fait ioüer le Canon du Ciel & de la Terre,
Chaque Roc esbranlé par des coups esclatans,
Replique horriblement, aux cris des Combatans,
Et ce Globe allumé que la mort accompagne,
Murmure encor bien loing, de montagne en montagne.
O merueilleux effect de ce rare Pinceau,
Qui rend le bruit visible, en ce diuin Tableau.

　　Les Alpes à ce coup font signe aux Pirenées,
Qu'en vain pour les seruir, elles sont mutinées,

OEVVRES.

15

Et que contre le Dieu, qu'elles ont fait venir,
Leurs Rampars eternels ne sçauroient plus tenir.
C'est trop que d'affronter Cæsar & sa fortune :
Ces Renards desbusquez, ont la fuite opportune ;
Iamais neige fonduë en ces lieux par l'ardeur,
Ne se precipita, de pareille roideur :
Mais mon PRINCE, sur eux, est vne Aigle qui
    volle :
Suse parle François aussi bien que Riuolle ;
Et les Iardins du Duc, paroissent embellis,
De la Reine des Fleurs, de nostre FLEVR DE LYS.
   Dans vn autre Tableau, ie vis (auecques ioye)
La demeure des Ours, la pierreuse Sauoye,
Prendre le mesme ioug, qu'elle prist autre-fois ;
Chambery receuoir nos Armes, & nos Loix ;
Et mon PRINCE voulant que tout se conuertisse,
Faire du Champ de Mars, vn Throsne à sa Iustice.
   Vn autre me fait voir les Espagnols rusez,
Le Siege de Cazal, & deux Camps opposez,
L'on y voit la poussiere, on y voit la fumée,
Des cheuaux, & des feux de ces grands Corps d'Ar-
    mée ;
Ny Guidons, ny Drapeaux n'y sont pas oubliez ;
Les blancs sont ondoyants, les rouges sont pliez :
Icy des Esquadrons ; là de l'Infanterie ;
Là se voit le Bagage ; icy l'Artillerie ;
Vn Champ reste au milieu, vuide pour le Vainqueur,
Mais trente mille bras ne treuuent pas vn Cœur :
         C ij

Et ces fiers Conquerans, que la frayeur tenaille,
De peur de la donner, perdent vne Bataille.

En suite des Tableaux que i'ay tant admirez,
L'on en voit vn fort grand, sous des Rideaux tirez,
Où mon œil apperçeut (haussant l'Estoffe noire)
Des branches de Cyprés, aux mains de la Victoire,
Qui triste, mais superbe, & d'vn courage haut,
Semble voir à regret le sanglant Eschaffaut,
Où la Iustice en deuil, couure vn corps, & ses ar-
    mes,
D'vn Drap de Velours noir, tout parsemé de larmes.

Le Pinteau prophetique a peint mille beaux faits,
De qui ce regne heureux doit sentir les effets,
Mais ie n'entendis rien à toutes ces Peintures;
Qui ne me presentoient que des choses futures,
Et dans leurs traits confus, ie ne vis (en passant,)
Que la Mer du Bosphore, & le coing d'vn Croissant.

Au milieu de ce TEMPLE, on voit vne Statuë;
Et comme elle est Royalle, elle est ainsi vestuë;
Six degrez de Porphyre esleuent vn Autel;
L'inuincible LOVYS, y paroist immortel;
Auprés de ce MONARQVE ARMAND tient vne
    place;
Son Maistre luy sous-rit, & le regarde en face;
Il courbe en demy-rond, le bras gauche sur luy,
Et là mesme en Statuë, il en fait son appuy.
Son aspect est Royal, la pourpre l'enuironne:
Mais bien qu'il la merite, il n'a point de Couronne,

Car son bras acheuant, tant d'Exploits innoüis,
Ne veut que l'affermir sur le front de LOVYS.

 Comme ie regardois, mes œillades confuses
Descouurent Apollon à la teste des Muses ;
D'vn Chapeau de Laurier son Chef est descoré,
On luy voit à la iambe vn Brodequin doré,
Son Arc & son Carquois font voir encor sa gloire,
En l'vne de ses mains il a son Lut d'iuoire,
Ils chantent vn Cantique, en des tons rauissans,
Les mots sont oubliez, mais en voicy le sens.

APOLLON
AV ROY.

LOVIS, le plus grand des Monarques,
L'amour des hommes & des Dieux;
De qui le renom glorieux,
Vaincra les Siecles & les Parques :
Preste vn peu l'oreille à nos voix;
Et te ressouuiens qu'autrefois,

Au fameux Siege d'vne ville,
(Que regardoit tout l'Vniuers)
L'on a bien veu le braue Achille,
Prendre vn Lut, & chanter des vers.

Ie sçay que ton Esprit modeste,
Au delà de tous les Esprits,
Est fasché de se voir surpris,
D'vne loüange manifeste :
Et puis ta gloire esclatte assez,
Dans ces Tableaux que i'ay tracez :
Le Temps n'en peut faire sa proye
Sans deuenir trop criminel ;
Et plus heureux qu'aux Murs de Troye,
Ie t'ay fait vn TEMPLE eternel.

Sois donc seur que ta retenuë,
Ne changera point de couleur ;
Par le recit d'vne Valeur,
Aussi rare qu'elle est connuë :
Que ie ne te sois pas suspect ;
Mon impuissance, & mon respect,
M'esloignent de tes aduantures :
Mais souffre à nos Luts seulement,
D'adiouster à tant de Peintures,
Le Tableau de ton iugement.

Ne crains pas qu' Apollon te flatte,
Afin d'acquerir vn thresor :
C'est luy seul qui sçait faire l'Or,
Et c'est par luy seul qu'il esclatte :
Mais ton choix est si bien fondé ,
Que i'ay veu (plus ie l'ay sondé)
Que le Tibre cede à la Seine :
Et que bien qu'on l'ait peint charmant,
Auguste n'eut point de Mecene,
Qui ne fust moins que ton ARMAND.

Sa preuoyance est sans seconde ;
Comme son Zele est sans pareil :
Et crois ce qu'en dit le Soleil,
Qui chaque iour voit tout le Monde :
Ie vay chez tous les Potentats ;
Ie visite tous les Estats ;
Mais par tout sa gloire est premiere :
Il passe tout ce qu'on escrit ;
Et mon Char a moins de lumiere,
Que ce rare & diuin Esprit.

Digne & grand subiet d'vne Histoire,
La plus belle qui fut iamais ,
Soit pour la guerre , ou pour la paix ;
Repasse la dans ta memoire :

Et songe (en despit des Riuaux,
Qui veulent cacher ses trauaux)
Ce qu'a fait celuy que ie nomme :
Iuge des soings de RICHELIEV;
Et vois ce que merite vn Homme,
Dont le Conseil te fera Dieu.

Quelles puissances ennemies,
N'ont point trauersé ton bon-heur ?
Mais auecque combien d'honneur,
A-t'il fait voir leurs infamies !
Ces mauuais Demons, ces Mutins,
Qui pensoient que tes bons destins,
Estoient plus foibles que leurs armes;
Dans le mal qu'il leur fait sentir,
Sont contraints de verser des larmes,
Et de rage, & de repentir.

Desia leur colère insensée
Croyoit s'espandre en toutes parts;
Et tu n'auois point de ramparts,
Qu'ils ne forçassent en pensée :
Mais ayant vomy tout leur fiel,
Ils ont bien connu que le Ciel
N'est pas de leur intelligence :
Et qu'apres leurs complots ingrats,
Rien ne desarma ta vangeance,
Qu'ARMAND, qui luy retint le bras.

O que

O que son ame est asseurée !
Et que dans leur temerité,
Elle a fait voir de fermeté,
En la foy qu'elle t'a iurée :
On le menace du trespas,
Il ne desmarche point d'vn pas ;
On le solicite, il resiste ;
On l'attaque, on le voit vainqueur :
L'Estat bransle, & sa foy subsiste ;
Tout craint, & luy seul a du cœur.

Laisse, laisse gronder l'Enuie,
Qui choque tousiours ses pareils :
Et te souuiens que ses Conseils
Illustrent ton Regne, & sa vie :
Quoy que disent les Courtisans,
Qu'elle a rendus ses partisans,
Tu dois beaucoup à sa conduite :
Luy seul les a tous combattus ;
Et leurs vices n'ont pris la fuite,
Que pour ne voir pas ses Vertus.

Ne couure point ton feu de cendre,
La froideur desplaist aux hardis ;
Imite ce que fit iadis,
Pour Epheſtion, Alexandre :
Et te mocquant des enuieux,
Vois que le Monarque des Cieux,

D

Qui ſeul pourroit guider cent Mondes,
Fait comme tu fais auiourd'huy ;
Il agit par cauſes ſecondes,
Et fait miracles par autruy.

Et toy MINISTRE incomparable,
Pilier d'Eſtat , Prince excellent,
Fais voir qu'vn amour violent,
Ne laiſſe pas d'eſtre durable :
Et ſonge , eſtant monté ſi haut,
ARMAND, que le moindre deffaut,
Seroit veu de toute la terre :
Mais comme tu ne peux faillir,
Tiens touſiours en main le Tonnerre,
Pour deffendre , & pour aſſaillir.

Fais que ton bel Eſprit conſerue,
L'amour des Lettres & des Arts,
Garde que la faueur de Mars,
Ne te faſſe oublier Minerue :
Conſidere que ces neuf Sœurs,
Peuuent augmenter les douceurs,
Que la bonne fortune donne :
Et qu'on ne voit point de Guerrier,
Qui ne me doiue ſa Couronne,
Ayant fait croiſtre le Laurier.

L'Hiſtoire par de gros Volumes,
Peut faire vieillir le renom :

Mais pour porter au Ciel vn Nom,
Il faut bien de plus fortes plumes :
Diuin ARMAND, si tu pretens,
De vaincre la Mort & le Temps,
Aime ces Beautez innocentes ;
Leur Ouurage ne peut finir ;
Et ces filles reconnoissantes,
Esternisent vn souuenir.

Ie voy que leur Troupe s'appreste,
A te garantir du Tombeau ;
Elle te prepare vn Chapeau,
Qui sera digne de ta teste :
Leur main espere de trouuer
Vne fleur qui n'a point d'Hyuer ;
Que iamais on ne voit mourante :
Elle ne croist qu'en leur Vallon ;
Et ceste immortelle Amaranthe,
T'est offerte par Apollon.

Là finit le Cantique, & ce Dieu sort du TEMPLE ;
Sa Troupe disparoist, comme ie la contemple ;
Et ne laisse à mes yeux (commençant à voler)
Que quelque rayon d'or qui se dissipe en l'air.
La merueille m'estonne, & l'aise me transporte :
Lors auec vn grand bruit on referme la porte :
Ie trauerse le bois, ie retourne au vaisseau,
Qui s'abandonne aux vents, qui se remet à l'eau,

D ij

Apres s'eſtre muny de quelques fruits ſauuages,
Que le Soleil tout ſeul fait croiſtre en ces riuages.

    Là, par les beaux obiets, en mon eſprit tracez,
Ie me tiens ſatisfait de mes trauaux paſſez :
Nous vollons cependant ſur la vaſte campagne ;
Et comme bons François, ſans toucher en Eſpagne,
Les vents & le timon par vn decret fatal,
Conduiſent la Nauire en mon païs natal ;
Où la voile eſtant bas, & l'anchre eſtant iettée,
I'ay baisé par trois fois la terre ſouhaittée,
Et quite enuers le Ciel, de tant de vœux promis,
I'ay meſlé mes deux bras à ceux de mes Amis,
Et veu leur chere Troupe auec la bouche ouuerte,
Admirer le portrait de ceſte Iſle deſerte,
S'attacher par l'oreille ; & leurs cœurs reſioüis
Treſſaillir, au recit des grandeurs de LOVYS.

    Or comme le Soleil agit ſur toutes choſes,
Il ouure mon eſprit, auſſi bien que les roſes :
Et comme le Printemps a commencé ſon cours,
Il a (parmy les fleurs) fait naiſtre ce diſcours.
Faſſe le iuſte Ciel, pour le fruict de mes veilles,
Que l'œil de ce MONARQVE, y liſe ſes merueilles ;
Et que ce grand ESPRIT, dont il fait ſon Atlas,
S'y puiſſe diuertir, ſi iamais il eſt las.

    Et toy FRANCE indomptable, & toy chere Prouince,
Auant que de ſortir du TEMPLE de ce PRINCE,
Pour ſignaler mon Zele auſſi bien que ta foy,
Leue les yeux au Ciel, & ſouhaite apres moy.

Que LOVYS, *&* qu'ARMAND *soient tousiours
dans le calme,*

Que deux Amours entr'eux disputent vne Palme,

Que l'vn aime tousiours, & soit tousiours aimé,

Que les bienfaits de l'vn, rendent l'autre enflamé,

Que LOVYS *nous commande, &* qu'ARMAND *le conseille,*

Que l'vn soit en repos, pendant que l'autre veille,

Que tous leurs ennemis soient d'vn esprit plus sain,

Que iusques dans le cœur on lise leur dessein,

Que le pasle Enuieux ait vne fin sinistre,

Que l'Ange de LOVYS *conserue son* MINISTRE,

Que leurs plus hauts proiets ne soient point hazardeux,

Que la santé parfaite, agisse en tous les deux,

Et puis qu'il faut subir la loy des destinées,

Qu'ils finissent, chargez de bon-heur, & d'années :

Et que leur gloire arriue à l'immortalité,

Prix, que ie luy souhaite, & qu'elle a merité.

DISCOVRS

DE LA

FRANCE,

A MONSEIGNEVR

LE CARDINAL

DVC DE RICHELIEV.

Apres son retour de Nancy.

LORS que celuy qui dompte, & soubmet les Prouinces,
Et qui tient en ses mains la fortune des Princes,
L'inuincible Lovrs, dont les fameux explois
Esbranlent chasque Throsne, & font trembler les Rois,

Eut augmenté sa gloire, & celle de l'armée,
Rauy tout l'Vniuers auec sa renommée,
Et vainqueur de Nancy, consacré pour iamais,
Les marques de la Guerre au Temple de la Paix,
Voyant que ceste mer auoit les ondes calmes,
Il vint se reposer à l'ombre de ses Palmes,
L'illustre RICHELIEV malgré tant de riuaux
Partageant son repos, ainsi que ses trauaux.
Et quand la main d'vn Ange, à nos vœux fauorable
Eut tiré d'vn grand mal ce MINISTRE adorable,
Il entra dans Paris; où la FRANCE à genoux,
Luy parla dignement, & pour elle, & pour nous.
Elle se fit connoistre à ces augustes Marques,
Que les siecles passez, donnerent aux Monarques,
Le Manteau, la Couronne, & le beau Sceptre d'or,
Qu'autrefois à tenu le braue fils d'Hector :
Sa robe estoit brodée; & les couleurs subtiles,
Y figuroient des Monts, des Fleuues, & des Villes,
Vn vert meslé d'argent, peignoit les flots amers,
Qui borne cét Estat, en ces deux vastes Mers.
Et bien que de frayeur on la iugeast atteinte,
Sa Maiesté parut, au milieu de sa crainte,
Et cette beauté pasle, en se montrant au iour,
Fit naistre la pitié, le respect, & l'amour.
D'vn pas graue & superbe, en sa pompe Royalle,
Cette Princesse marche, & trauerse la salle,
La vertu l'accompagne; & ses yeux esclattans,
Desrobent la parole à tous les assistans:

Elle entre au cabinet, où d'vn air tout celeste
D'vn ton de voix qui charme, & d'vn regard mo-
*   deste,*
Elle approche d'A R M A N D, qui prenoit le repos,
Se prosterne à ses pieds, & luy tient ces propos.

Grand D v c, preste l'oreille à la France affligée,
Et ne t'estonne pas de la voir negligée;
Quand la rigueur du sort pensa nous separer,
Ie perdis à l'instant le soin de me parer.
Ie sçay que nous auons semblables destinées,
Que ta fin deuiendroit celle de mes années,
Et ie iuge aussi bien que tous les bons François,
Que pour estre immortelle, il faut que tu le sois,
Car l'ame de L o v r s ardemment enflammée,
S'attache tellement à la personne aimée,
Que ton cœur est le sien, & qu'on voit auiourd'huy
Qu'il ne vit que par toy, comme ie fais par luy.
Aussi peux-tu bien voir à mon visage blesme,
Que i'ay pleuré pour toy, que i'ay craint pour moy
*   mesme,*
Il te peint mon amour, il te peint ma douleur,
L'vne & l'autre paroist en sa pasle couleur,
Et mieux que mon discours, sa tristesse excessiue,
Te dira que la France est plus morte que viue,
Et que le fascheux bruit qui fit naistre son deuil,
La fit tomber du Throne au bord de son cercueil,

Preste

Preste de suiure encor ta perte regrettée,
Si ton heureux retour ne l'eust ressuscitée ;
Mais en fin, grace au Ciel, ses vœux sont exaucez,
Tu vis, tu la fais viure, & ses maux sont passez.
De cét œil tout puissant qui force le courage,
Tu la remets au calme apres ce grand orage ;
Ta presence dissipe, & borne ses malheurs,
Vne allegresse pure a suiuy ses douleurs,
Et pourueu que le sort la fasse estre durable,
Il n'est point de bon-heur qui luy soit comparable.
Toutefois quelque mal touche mon souuenir :
Et songeant au passé, i'ay peur de l'aduenir.
Desia deux ou trois fois les Parques trop hardies
T'ont mis dans le danger qui suit les maladies,
A ce cruel penser ie frissonne d'horreur,
Et ie retombe encor à la mesme terreur.
Grand DVC, conserue toy, contente mon'enuie,
Pour l'amour de la France, aime vn peu plus ta vie,
Ton esprit tout de feu n'a pas vn corps de fer,
Triomphe de toy mesme, en voulant triompher,
A ceste soif d'honneur, retiens vn peu la bride,
Et mets à tes labeurs des bornes comme Alcide.
Sçache que nos destins ne se diuisent pas,
Ta perte fait la mienne, & ta fin mon trespas,
Quand tu m'aurois gagné toute l'Europe entiere,
Tu ne m'aurois conquis qu'vn plus grand cimetiere,
Car encor vne fois LOVYS t'aime si fort
Que ta fin aduancee, aduanceroit sa mort,

E

Que deuiendroy-ie alors sans celuy qui commande ?
Pour moy ie n'en sçay rien, & ie te le demande.
Songe que les mutins, apres mes desplaisirs,
Souleroient leur vangeance, & leurs mauuais de-
    sirs,
Que leur ame de meurtre, & de crime alterée,
Du sang des innocens viendroit faire curée :
Que ces Tigres viendroient retracer de nouueau,
De nos mal-heurs passez l'effroyable Tableau :
Pareils à ces torrents, qui tombant des montagnes
Passent comme la foudre au milieu des campagnes,
Destruisent dans les champs l'espoir du laboureur,
Et ne laissent par tout que marques de fureur.
Tels ces monstres cachez, qu'vn fier Demon gou-
    uerne
Fondroient sur l'innocence, en quittant leur cauerne,
Et la flame & le fer aux mains des ennemis,
Auroient bien tost changé l'ordre où tu nous as mis.
Escoute grand HEROS, la voix de ta Patrie,
C'est elle que tu vois, c'est elle qui te prie,
Si tu veux signaler ton amour & ta foy,
Ne te hazarde plus, sauue la, sauue toy.
Aussi bien en l'estat où tu les sçais restraindre,
Peuuent-ils esperer ? & les deuons nous craindre ?
Ils seront sans support, où qu'ils puissent aller,
L'AIGLE de ce costé, n'oseroit plus voller.
Mets les dans la frayeur, & suspens la tempeste,
Tiens leur souuent le glaiue, attaché sur la teste,

Ainsi d'vn œil craintif qui les fera courber,
Ils penseront tousiours le voir prest à tomber.
Mais ne t'expose plus à l'extresme fatigue,
C'est plaire à l'ennemy, c'est entrer dans sa ligue,
Priue-le de l'honneur d'estre veu du vainqueur,
Dans le corps de l'Estat, tiens la place du cœur.
Le ROY celle du chef, vos forces desparties
Le feront bien agir en toutes ses parties.
Offre dedans Paris des vœux à Palemon,
Mets ce NAVIRE à l'ancre, & tiens-en le timon:
Mocque toy des Rochers, & des vents, & de
    l'onde,
Dans ce celebre Port qu'admire tout le monde.
Ou sois veu (si tu veux) chez les peuples voisins,
De la saison des fleurs, à celle des raisins,
Mais que l'hiuer au moins t'arreste en vne place,
Et souffre qu'il t'enferme en ses ramparts de glace.
L'excessiue froideur agit sur du metal;
Ne vois l'air de trois mois, qu'à trauers du cristal,
C'est assez acheué de belles aduantures;
Ne vois plus de combats que parmy tes peintures,
C'est assez trauaillé, songe à te surmonter,
Et dompte en ta personne, vn qui peut tout dom-
    pter.
Que ce desir ardent qui te porte à la guerre,
T'accorde le repos, & le donne à la terre,
N'abuse point des vœux, poussez pour ton salut,
Et fais que le Canon laisse entendre le Lut.

E ij

Gouſte vn peu les plaiſirs que permet l'innocence,
Souuiens toy qu'Apollon eſt de ta connoiſſance :
Careſſe les neuf Sœurs, aime leurs nourriſſons,
Elles viennent en Corps pour t'offrir leurs Chanſons,
Et celle dont la main fit le ſuperbe TEMPLE,
Où l'œil reſte enchanté par ce qu'il y contemple,
S'aduance la premiere, & ne peut retenir
L'extreſme paſſion qui la force à venir.
Elle eſt ſous ton pouuoir, tu la dois reconnaiſtre,
Les lieux que tu regis ſont ceux qui l'ont fait naiſtre,
Ce HAVRE ſi connu des plus loingtains Climats,
Où ta prudence plante vne foreſt de mats,
L'aZile du commerce, & du Marchand fidelle,
Qui s'aſſeure en ton Nom plus qu'en ſa Citadelle,
Luy donna le Berceau, le Ciel la deſtinant
A deuenir vn iour ce qu'elle eſt maintenant.
Son amour la fit tienne, & tu l'as acceptée,
Mais ſa gloire eſt acquiſe, & non pas meritée.
Aux bords de l'Ocean vn Dieu vint l'animer,
Pour faire plus de bruit que les flots de la Mer,
D'vne ardeur heroïque on la voit enflammée,
Auſſi bien que Minerue, elle naſquit armée,
Et fille d'vn Soldat, elle prend ſes eſbats,
A chanter les hauts faits, au ſortir des combats.
Deſia depuis long temps en ſoy meſme elle range
Toutes les raretez de l'Euphrate & du Gange,
Et comme on voit l'abeille en compoſant le miel,
Picorer ſur les fleurs ce qui tombe du Ciel ;

Maintenant sur les Lis, & tantost sur les Roses;
De mesme ceste Muse embrasse toutes choses,
Voit les Cieux & les Eaux, les Villes & les Champs,
Afin d'en composer la douceur de ses chants :
Et riche du butin des langues Estrangeres,
Elle imite pour toy ces bonnes mesnageres,
Et ce que la Nature a mis en l'Vniuers
De parfait & de beau, sera veu dans ses vers.
Les plus sombres forests, les plus larges Campagnes,
Les Vallons les plus creux, les plus hautes Mon-
    tagnes,
Les pierres, les metaux, les herbes, & les fleurs,
Les Vases de Cristal, où l'Aube met ses pleurs,
Cét amas de beautez que sa richesse estalle
Dessus les bords fameux de l'Inde Orientale,
Ce miracle de l'Air, cét Arc qui peut ternir,
L'esclat de ce Lambris qu'il semble soustenir,
Le bel Or du Soleil, & l'Argent de la Lune,
Les Rochers, & les Vents, & les Flots de Nep-
    tune,
Son calme, sa tempeste, & d'vn puissant effort
Vn vaisseau dans l'orage, vn autre dans le port.
Tu luy verras tracer mainte belle aduanture,
Des traits les plus hardis qui soient en la peinture,
Et quand il s'agira de parler d'vn Tableau,
Sa plume fera honte au plus docte pinceau.
Tantost dans le conseil, tantost dans vne attaque,
En imitant Achille, & le Prince d'Itaque,

Poëme heroïque & ses parties.

                                E iij

Tu luy verras charmer d'vn discours attrayant,
Ou vaincre vn ennemy par vn bras foudroyant.
Elle te fera voir des villes assiegées,
Vn assaut general, des batailles rangées,
Des Ramparts qu'vne Mine emporte en vn mo-
    ment,
Vn Esquadron qui force, & rompt vn Regiment,
Vn camp, vne retraite, & sa docte furie,
Te peindra iusqu'au bruit de ton Artillerie.
Ainsi dans tous les Arts estendant son sçauoir,
Ils n'ont rien d'excellent qu'elle ne fasse voir.
Que si d'vn ton plus doux elle vient à descrire,
Les regrets & les cris d'vn Amant qui souspire,
Iamais Cigne mourant ne fut si langoureux,
Et qui ne peut aimer sera touché par eux.
Bref, elle se promet, tant elle a de courage,
De faire voir le bout de ce penible ouurage
Que le diuin Ronsard n'osa que commencer,
Et pour ta seule gloire, elle veut y penser.
Apprends que chaque iour cette Muse s'aplique,
A former le project, d'vn POEME HEROI-
    QVE.
Sur les Maistres de l'Art, qui n'aura rien des leurs,
Elle esbauche vn dessein, appreste des couleurs,
Choisit dedans l'Histoire vn HEROS de ta race,
S'instruit de sa valeur, & le suit à la trace,
Le tire du Sepulchre, afin que dans ses Vers
Il ne puisse finir qu'auecques l'Vniuers.

Le Sang Royal de D R E V X, d'où vient ton ori-
    gine,
Luy fournit maintenant tout ce qu'elle imagine,
Et c'est R O B E R T le G R A N D, qu'elle veut
    esleuer
Iusqu'où mortel que toy ne sçauroit arriuer.
Mais n'ayant pour obiect, que ton cœur Magna-
    nime,
Il faut, Grand R I C H E L I E V, que ta douceur
    l'anime,
Il faut voir de bon œil ce qu'elle a medité;
Apres, tiens toy certain de l'immortalité,
Elle te la promet, & t'en donne asseurance;
Sa parole pour pleige, a celle de la F R A N C E,
Elle verra le bout d'vn trauail si plaisant.

Cette Reine à ces mots s'encline, en se taisant,
Et ce Grand D V C qui voit que son discours s'acheue,
Luy presente la main, se courbe, & la releue,
La conduit au Balcon, & pour la resioüir,
Luy fait vn compliment qu'aucun ne peut oüir:
On iuge neantmoins, au signe de la teste,
Qu'elle obtient aisément l'effect de sa requeste,
Et deuant que quitter, & ce Prince, & ces lieux,
Vn extréme plaisir se fait voir en ses yeux.
Lors dans vn Ciel d'azur, dont le front est sans voiles,
Où des Fleurs de Lis d'or, brillent au lieu d'Estoiles;

Ceste Reine s'enuolle, & d'vn œil tout charmant,
Elle prend son congé du genereux ARMAND.
Son char d'or esmaillé s'enuelope de Nuës,
Elle trouue à l'instant des routes inconnuës,
Et bien haut dans les Airs, regardant RICHELIEV,
Vne seconde fois, Elle luy dit adieu.

SONNET

SONNET.
LA FORTVNE PARLE
A MONSEIGNEVR
LE CARDINAL.

Artons grand RICHELIEV, la gloire nous
appelle,
Desia toute l'Europe a les yeux dessus
toy;
Il est temps de punir par les armes du ROY,
Et le vassal perfide, & le subiect rebelle :

Ie te prepare encore vne Palme nouuelle,
Ie fay marcher deuant la Terreur & l'Effroy;
Et ces foibles mutins qui te manquent de foy,
S'esleuent vn Tombeau, non vne Citadelle :

Ne me mesprise point pour mon aueuglement;
Ie n'ay que faire d'yeux ayant ton iugement ;
Aupres de ses clartez, quel Astre pourroit luire?

Non, non, fais battre aux champs, marche, partons d'icy,
Pourueu que ta Prudence ait soing de me conduire,
On nous verra bien tost dans les murs de Nancy.

F

SONNET.
LA ROCHELLE
parle à Nancy.

Oy qu'vn mauuais Demon fait refoudre à ta
    perte,
Orgueilleufe Cité, iuge où tu te reduis;
Songe ce que ie fus, & vois ce que ie fuis,
D'vne Ville de guerre, vne place deferte :

Bien toft ainfi que moy tu te vas voir ouuerte,
Ta Muraille rafée, & tes Rampars deftruis;
Et tu te verras feule à pleindre tes ennuis,
De larmes, de poufiere, & de honte couuerte :

Ie fus ainfi que toy iadis pleine d'orgueil;
Tu vas ainfi que moy deuenir ton cercueil;
Au mefme chaftiment tu peux bien te refoudre :

ARMAND te va punir de ta temerité;
Et l'on nous fera voir à la pofterité,
Comme ces monts noircis où fume encor la foudre.

SONNET.

Llustre RICHELIEV, tu vas auoir ta feste,
Et tout pour le Triomphe est desia preparé,
Prends ton habit de pourpre, & fais t'en voir paré,
Ta main a des Lauriers pour te ceindre la teste:

Desormais à l'abry tu ris de la tempeste,
Ton front est à couuert, en estant decoré,
Il est temps de monter dessus le Char doré,
Que ta Vertu merite, & que l'honneur t'apreste.

Que tous les Potentats s'unissent contre nous,
L'Europe les verra dans six mois à genoux,
Et pour dompter leur force, il ne faut que t'esbatre:

L'Vniuers est au Roy, les Destins l'ont promis;
Sans Mine, sans Canon, & mesme sans combattre,
Ton Nom fera tomber les Rampars ennemis.

SONNET.

CE fameux Conquerant dont nous parle l'Histoire,
Qui passa comme vn foudre, & vainquit l'Vni-
uers,
Apres s'estre chargé des Lauriers les plus verds,
Eut crainte que le Temps n'oubliast sa victoire :

Courage, braue ARMAND, les filles de Memoire,
Afin de t'obliger ont leurs thresors ouuers ;
Et ce ieune Monarque amoureux des beaux vers,
Ne pût iamais auoir ce que i'offre à ta gloire :

Malgré l'oubly qui regne au sepulchre poudreux,
Ie sçauray bien trouuer dans la RACE DE DREVX,
Vn Illustre HEROS qui domptera l'Enuie :

Mais de quelques vertus que ie le puisse orner,
A l'instant que mes vers parleront de ta vie,
Ie terniray l'esclat que ie luy veux donner.

SONNET.

Nuincible HEROS dont la gloire est semée
Par tout où le Soleil a droict d'illuminer,
Sage & grand RICHELIEV, ie veux te voir
    mener.
Nos Soldats aussi loing que va ta Renommée:

Ie veux suiure tes pas aux dangers de l'armée,
Y deust Mars en fureur ma course terminer,
Et lors ie mesleray (pour te mieux couronner)
Au Cedre du Liban, la Palme d'Idumée:

Apres, dans le repos, ma Muse aura le soin,
De chanter les hauts faits dont ie fus le tesmoin,
Ainsi fidellement ie les pourray descrire:

Mais reçoy mon seruice en attendant mes vers,
Et souffre que ie monstre aux yeux de l'Vniuers,
Qu'Apollon porte vn Arc aussi bien qu'vne Lire.

E iij

STANCES

POVR MADAME

DE COMBALET,

SOVS LE NOM

DE SILVIE.

❦

RESPECT, retirez vous, faictes pla-
ce au desir,
  Qui demande qu'en ce loisir,
  Ie trace vn portraict de SILVIE:
Vos timides conseils me semblent superflus;
Ie peinds ce beau visage, & ceste belle vie,
  Ne me destournez plus.

En vain par la raison vous chocqueʒ mon orgueil,
Icare eut vn si grand Cercueil,
Que sa perte fut glorieuse :
L'Astre que ie regarde est plus clair que le sien :
Vostre aßistance est foible, autant qu'iniurieuse,
Et s'oppose à mon bien.

✻

Quand les traicts de ma main peignant ce beau vain-
Reialiroient contre mon cœur,   (queur,
Ie n'en quitterois pas l'ouurage :
Il faut que ie l'acheue, importun Conseiller,
Vostre soing me desplaist, vostre secours m'outrage,
Laisseʒ moy trauailler.

✻

Mais de quelles couleurs me pourray-ie seruir ?
En est-il qui puissent rauir ?
Cherchons-les en toutes les choses :
Et dans ce haut dessein, pour nous eterniser,
Si les moindres beauteʒ ont des Lis & des Roses,
Gardons bien d'en vser.

✻

Et l'Albastre & la Neige ont trop peu de blancheur,
Pour peindre vn teint, dont la fraîcheur
Fait honte aux fleurs les plus nouuelles :
Son esclat esblouit & charme tous les yeux :
Et celle dont les pleurs les font naistre si belles,
En a moins dans les Cieux.

Le Cinabre & l'Azur n'ont rien encor d'égal,
    Ny les perles, ny le Coral;
    En vain ie les mets en vsage:
Cét obiect dont ie parle est tousiours sans pareil;
Et ie voudrois auoir pour peindre ce visage,
    Vn rayon du Soleil.

Auec moins de grandeur, le Ciel voulut former
    Celle qui receut de la Mer
    Vn Berceau de Nacre & d'Opale:
Et bien que tous les vers flattent ses vanitez,
Elle perd auiourd'huy la gloire sans esgale,
    De Reine des beautez.

L'adorable S I L V I E efface en vn moment,
    Toute la pompe & l'ornement,
    Que souloit admirer la terre:
Oser voir ses attraits, c'est n'en conseruer pas;
Et comme vn Diamant ternit l'esclat du verre,
    Tout cede à ses appas.

Aussi bien que son port, sa taille, & sa beauté,
    Ses yeux ont vne maiesté,
    Qui fait qu'on la craint, & qu'on l'aime:
Et chacun iugeroit, la voyant arriuer,
Qu'elle descend du Throsne, où son merite extréme
    La deuroit esleuer.

Que

Que ie remarque icy de merueilleux accords !
L'esprit aussi beau que le corps,
Doit auoir place en ma peinture :
Et d'vn crayon doré qui charme comme luy,
Imitant par ma main celle de la Nature,
Ie le peinds auiourd'huy.

Il est solide, fort, actif, & penetrant,
Et ne va iamais rencontrant
Nul obstacle qu'il ne surmonte :
Il entraine les cœurs par vn discours charmeur;
Et comme ses beaux yeux, son eloquence dompte
La plus farouche humeur.

Mais qu'il me reste encor vn haut point à toucher,
(Si ma main ose en approcher)
En la pureté de son ame !
C'est vn miroir sans tache, & qu'on ne peut ternir,
Et comme le Ciel garde vne eternelle flame,
Elle ne peut finir.

Chasque fois que l'enuie attaque sa vertu,
Ce Monstre à ses pieds abatu
Perd la parole & l'insolence :
Et mal-gré sa malice on luy fait aduoüer,
Que sa grandeur l'estonne, & l'oblige au silence,
De peur de la loüer.

G

I'ay le Soleil aux yeux, & ie ne voy plus rien,
Respect, raison, ie connois bien
Que vostre aduis est legitime :
Ie suis prest d'acheuer cét excellent Tableau,
Mais si mon repentir, peut effacer mon crime,
Ie quitte le Pinceau.

F I N.

PRIVILEGE DV ROY.

LOVIS PAR LA GRACE DE DIEV. ROY DE FRANCE ET DE NAVARRE : A nos amez & feaux Confeillers, les gens tenans nos Cours de Parlement, Maiftres des Requeftes ordinaires de noftre Hoftel, Baillifs, Senefchaux, Preuofts, leurs Lieutenans, & à tous autres de nos Iufticiers & Officiers qu'il appartiendra, Salut. Noftre bien amé AVGVSTIN COVRBE', Libraire à Paris, nous a fait remonftrer qu'il defireroit imprimer vne Tragedie, intitulée, *La mort de Cæfar; Compofée par le Sieur de Scudery,* s'il auoit fur ce nos Lettres neceffaires, lefquelles il nous a tres-humblement fupplié de luy accorder : A CES CAVSES, nous auons permis & permettons à l'expofant, d'imprimer ou faire imprimer, vendre & debiter en tous les lieux de noftre obeïffance ladite Tragedie, en telles marges, en tels caracteres, & autant de fois qu'il voudra durant l'efpace de dix ans entiers & accomplis, à compter du iour qu'elle fera acheuée d'imprimer pour la premiere fois; Et faifons tres-expreffes deffences à toutes perfonnes de quelque qualité & condition qu'elles foient de l'imprimer, faire imprimer, vendre, ny diftribuer en aucun endroit de ce Royaume durant ledit temps, fouz pretexte d'augmentation, correction, changemens de tiltres ou autrement en quelque forte & maniere que ce foit, à peine de quinze cens liures d'amende, payables fans deport par chacun des contreuenans, & applicables vn tiers à nous, vn tiers à l'Hoftel Dieu de Paris, & l'autre tiers à l'expofant, de confifcation des exemplaires contrefaits, & de tous defpens dommages & interefts; A condition qu'il en fera mis deux exemplaires en noftre Bibliotheque publique, & vn en celle de noftre tres-cher & feal le fieur Seguier Cheualier, Chancelier de France, auant que de l'expofer en vente, à peine de nullité des prefentes; du contenu defquelles, nous vous mandons que vous faffiez iouir plaine-

G ij

ment & paifiblement l'expofant, & ceux qui auront droict d'i-
celuy, fans qu'il leur foit fait aucun trouble ou empefchement:
Voulons auffi qu'en mettant au commencement ou à la fin du
Liure vn bref extraict des prefentes, elles foient tenuës pour
deuëment fignifiées, & que foy y foit adiouftée, & aux copies d'i-
celles, collationnées par l'vn de nos aimez & feaux Confeillers
& Secretaires, comme à l'Original. MANDONS auffi au premier noftre Huiffier ou Sergent fur ce requis, de faire pour l'exe-
cution des prefentes tous exploicts neceffaires, fans demander
autre permiffion; CAR tel eft noftre plaifir, nonobftant oppo-
fitions ou appellations quelconques & fans preiudice d'icelles:
Clameur de Haro, Chartre Normande, & autres Lettres à ce
contraires. DONNE' à Paris le quatorziefme iour de Iuin l'an
de grace mil fix cens trente-fix; Et de noftre regne le vingt-fep-
tiefme.

Par le Roy en fon Confeil,

Signé, CONRARD.

Acheuée d'imprimer le 15. Iuillet 1636.

Les exemplaires ont efté fournis ainfi qu'il eft porté par
le Priuilege.

www.ingramcontent.com/pod-product-compliance
Lightning Source LLC
Chambersburg PA
CBHW052059090426
42739CB00010B/2244

* 9 7 8 2 0 1 2 1 7 1 0 4 6 *